간절한 꿈이
길을 열다

그리고 다시 …

간절한 꿈이
길을 열다
그리고 다시…

초판 1쇄 발행 2019년 5월 1일

지 은 이 윤승중
발 행 인 권선복
편 집 권보송
디 자 인 김소영
전 자 책 서보미
마 케 팅 권보송
발 행 처 도서출판 행복에너지
출판등록 제315-2011-000035호
주 소 (157-010) 서울특별시 강서구 화곡로 232
전 화 0505-613-6133
팩 스 0303-0799-1560
홈페이지 www.happybook.or.kr
이 메 일 ksbdata@daum.net

값 25,000원
ISBN 979-11-5602-716-4   03190

Copyright ⓒ 윤승중, 2019

도서출판 행복에너지는 독자 여러분의 아이디어와 원고 투고를 기다립니다. 책으로 만들기를 원하는 콘텐츠가 있으신 분은 이메일이나 홈페이지를 통해 간단한 기획서와 기획의도, 연락처 등을 보내주십시오. 행복에너지의 문은 언제나 활짝 열려 있습니다.

30년 삼성맨이 전하는
인생 경영 노하우

윤승중 지음

간절한 꿈이 길을 열다

그리고 다시…

도서
출판 행복에너지

인생,
한 방이 아니다

"가장 위대한 영광은 한 번도 실패하지 않음이 아니라
실패할 때마다 일어서는 데에 있다."

- 공자 -

요행을 바라면 요령만 늘고 요절할 수 있다

사람들이 우스갯소리로 '인생 한 방'이라는 표현을 쓰는 경우
가 있다. 아무리 노력해도 손에 잡히지 않던 요행이나 기회가
우연찮게 다가와 일거에 자신의 일생을 만회할 만큼의 보상이
나 행운을 얻을 때 쓰는 표현이다.

하지만 나는 이 표현을 그다지 좋아하지 않는다. 솔직히 내
인생 전체를 통틀어 '인생 한 방'을 거하게 날린 적이 별로 없었
다. 늘 내가 했던 '어제의 노력'들이 '오늘의 기회'로 다가온 적
은 많았지만 뭔가 잭팟 같은 행운이 손쉽게 내 손에서 터졌던
적은 없었다. 늘 노력하고, 노력하고, 또 노력했을 뿐이다. 그

런 내 인생 속 '지금'이 자랑스러운 이유다.

내 인생을 되돌아보면 '한 번의 실패'와 '두 번째의 성공'이 수없이 많았다. 하지만 나는 내가 실패할 수밖에 없었던 오류나 과오를 자포자기한 채 바라보지만은 않았다.

사실 난 삶 자체도 두 번째로 부여받은 사람이다. 믿을 수 없겠지만 나는 태어난 지 2주 만에 죽었다가 살아난 경험이 있다.

그 이후에 내 삶에는 이 '두 번째'가 유독 많았다. 중학교에 진학할 때도, 고등학교에 갈 때도, 삼성 입사를 할 때도 두 번째 주어진 기회 때문에 모든 게 가능했다. 그래서 더 소중히 여겼고, 최선을 다했다. 요행만 바라면 요령이 늘게 되고 편법이나 눈속임으로 살다 보면 사회적인 내 삶뿐만 아니라 진짜 내 삶에서도 요절할 거라는 강박관념이 있었다.

나는 실패하거나 부족한 내 삶을 돌파하기 위해 늘 직진했다. 늘 당당하고 자신만만해했다. 그렇게 사는 내게 사람들은 자주 묻는다.

"윤 대표는 어렵고 고생스러운 시절은 별로 겪지 않았을 것 같습니다."

그런 말을 들을 때마다 난 빙그레 웃기만 한다. 누구에게나 시련이 있겠지만 내 시련이나 곤궁은 남들과 비교할 수가 없는 것이었다.

어릴 때의 지독한 가난과 힘든 고학생 시절의 어려움만 있었던 것은 아니었다. 7년간 도쿄 주재 생활을 마치고 귀임하려고 했을 때 겪었던 상사와의 갈등, IMF 시절 혈육의 사업 보증을 잘못 서 주는 바람에 겪어야 했던 경제적 어려움, 2008년 시작했던 사업에서 금융위기로 맞이했던 힘든 고비 등 생의 굽이마다 많은 고난이 있었다.

그럼에도 불구하고 '가장 나중에 이긴 자가 웃는다.'라는 소리처럼 나는 지금 내 삶을 이야기하면서 웃을 수 있는 사람이 되었다. 이 행복이 늘 감사할 뿐이다.

힘들어도 난 단 한 번도 꿈꾸는 것을 멈추어 본 적이 없었다. 꿈의 향방이 정해지면 뒤도, 옆도 돌아보지 않고 그 방향만을 향해 죽어라 뛰었다. 중간에 힘들어 잠깐 쉰 적은 있었을 것이다. 하지만 단언컨대 난 결코 한 번도 멈춘 적은 없었다.

현실을 벗어나기 위해서는 현실보다 더 큰 꿈을 꾸어야 한다

좋지 않은 현실에서 벗어나기 위한 가장 큰 노력은 바로 현실보다 더 큰 꿈을 갖는 것이다. 지금과 별반 다를 바 없는 목표로는 절대 이 생에서 반등할 수 없다. 꿈만 제대로 꿔도 기회는 반드시 오게 돼 있다.

기회는 그것을 가장 간절히 원하는 사람에게 주어질 확률이 높다. 기회를 주는 사람 입장에서 그것을 귀하게 여기는 사람에게 주는 게 더 보람 있기 때문이다. 그런데 아무리 원해도 마음속으로만 생각하면 아무도 알아주지 않는다. 그래서 내가 원하는 꿈을 적극적으로 찾거나, 그리거나, 누군가에게라도 내밀히 털어놓을 필요가 있다.

꿈을 꾸며 가까이 가려고 해야 기회가 왔을 때 기회인 줄 알고 바로 낚아챌 수 있다. 나는 다른 사람들보다는 그 기회를 낚아채는 데 기민하게 움직인 편이라 자부한다. 막연하게나마 뭔가 될 것 같다는 직감이 조금만 들어도 방향을 정해 그쪽으로 무작정 달려 나갔다.

요즘 젊은이들은 꿈이 없는 것 같아 우려스럽다. 솔직히 나는 삼성에 들어올 실력이나 학벌은 한참 모자랐지만 삼성맨이 되고자 하는 꿈이 확고했기에 늘 그 언저리에라도 가기 위해서 늘 최선을 다했다.

하지만 만약 그런 꿈이 내게 없었다면……. 지금 나는 어떻게 되었을까? 사실 잘 상상할 수 없다. 분명한 것은 아마 지금보다는 덜 만족스러운 인생을 살았을 거라는 사실이다.

혹자는 요즘 젊은이들은 꿈조차 못 꾸는 현실 속에 있다고 한다. 하지만 나는 의아스럽다. '진짜 제대로 꿈을 꾸려고 노력해 본 적이 있습니까?'라고 한번 물어보고 싶다.

지레 짐작하고 미리 포기하고 움직이지 않는 젊은이들이 더 많아 보인다. 꿈도 제대로 꾸지 않아 보인다. 아니면 쉬운 꿈만 꾼다. '인생 한 방'만을 절실하게 노리거나 그마저도 부질없다며 외면하기 급급한 젊은이들을 본 적도 많다. 잘 알겠지만 그 '인생 한 방'은 영화나 드라마 속에서나 일어나는 기적이다. 꿈도 제대로 안 꾸면서 현실에서 뭔가 이뤄지기를 바라는 것은 이기적인 욕심일 뿐이다.

직장 생활을 처음 시작하는 20대 젊은이들뿐만 아니라 은퇴 이후의 삶을 사는 사람들도 인생의 굽이굽이마다 가져야 할 꿈들이 있다. 그러니까 아무리 나이가 들어도 꿈꾸는 걸 포기해서는 안 된다. 늘 현역처럼 바지런히 꿈을 좇아야 한다.

생애 주기별로 꿈꾸어야 할 것들

20대에게 가장 중요한 꿈은 무엇일까? 바로 '취업'과 '연애'일 것이다. 자신이 어떤 직업과 직장을 선택하느냐에 따라 향후 인생에 큰 영향을 미칠 수 있고, 어떤 연인이나 배우자를 만나느냐에 따라 인생의 안정과 풍요가 결정된다.

그래서 누구나 자신을 성장시켜줄 '직업'과 '이성'을 만나기를 소망한다. 젊은 혈기에 자신의 내실을 찾기보다 남의 시선을 의식해 규모나 외양에 집착하는 어리석음을 저지르지 않아야 한다.

무조건 대기업이나 고액 연봉자의 생활을 꿈꾸는 것은 옳지 않지만 뚜렷한 목표가 없는 것보다는 낫다. 목표가 없으면 시간 관리나 스펙 관리가 방만해질 수 있기 때문이다. 단순히 '취업' 자체가 목적이 되어서는 올바른 생애설계를 할 수 없게 된다.

나의 경우 '삼성'이라는 직장과 '무역'이라는 업에 대한 내 꿈이 확고했기 때문에 부족한 나의 스펙을 보완하는 것에 집중할 수 있었다. 일본어를 공부하면서 나를 성장시킬 수 있었고, 이런 자기계발 노력은 후일 직장 생활에서 승진 등 많은 부분에서 도움이 되었다. 첫 해외근무인 도쿄 주재 시절은 나의 잠재력과 역량을 십분 발휘할 수 있게 해 오늘의 내가 있게끔 한 단초가 되었다.

30대에는 조직 안에서의 '가치 Up'을 꿈꿔야 한다. 이미 직장에서 어느 정도 적응을 마친 단계인 이때는 관련 업무에도 어느 정도 숙달이 되는 시기다. 그래서 본격적으로 성과를 창출해 낼 수 있는 능력을 갖추게 되는 시점이기도 하다. 이 시기에 자신이 앞으로 회사에 남을지, 아니면 이직이나 창업을 할지 비전Vision을 확립해야 한다.

항상 '매너리즘'에 빠지지 않도록 자기계발을 게을리해서는 안 된다. 공부를 새로 시작한다든지, 지금과는 다른 일을 해 본다든지, 더 좋은 조건의 직장을 꿈꾸면 현재의 삶이 훨씬 풍성해질 수 있다. 난 입사 후 그만둔 대학원을 다시 다니며 석사학위를 취득했다.

40대에 접어들면 '리더십 Up'을 꿈꾸게 된다.

이때쯤 회사 내에서 중간관리자의 위치에 올라서게 된다. 위로는 상사를 모셔야 되고, 아래로는 부하들을 관리해야 한다. 이 같은 샌드위치 상황에서 필요한 역량이 바로 리더십이다. 나는 이런 리더십을 좀 더 발전시키는 것을 꿈꿨다. 게다가 대기업 특성상 내 미래 삶에 대한 생각이 많아진 때이기도 했다. 외부의 트렌드 변화나 동향을 민감하게 받아들이고 정보를 얻었다.

솔직히 40대 정도에 접어들면 변화를 두려워하는 경향이 생기는 게 당연하다. 변화하는 시장 요구에 부응할 수 있도록 업무 능력과 내공을 갖추기 위해서 노력해야 하는 이때 난 도쿄 주재원을 하면서 인적 네트워킹을 맺는 데 공을 들였다. 언젠가 또 다른 내 꿈을 위한 소중한 자산이라고 본능적으로 느꼈던 것 같다.

1997년 당시 우리나라는 IMF라는 위기를 맞이하고 있었다. 그때 내 나이는 40대 중반이었다. 나라 안팎으로 힘든 시기였지만 나는 우여곡절 끝에 꿈이었던 삼성의 임원이 되었다. 평균적으로 50대 즈음에 다는 자리를 나름 늦지 않게 간 것이었다.

임원이 되면 업무 범위나 분량이 엄청나게 늘어나고, 성과에 대한 부담도 엄청 늘어난다. 틈틈이 건강을 챙기면서 이전과 확연히 달라진 사회적 위치를 감안해서 나만의 이미지 업그레이드를 많이 시도했다.

도쿄 주재 시절 일본 대기업 간부들, 각종 매스컴 특파원들, 고위 공무원들 등 인적 네트워크를 만들고 그들과의 교류를 꾸준히 했던 것이 지금 생각해도 스스로를 칭찬하고 싶을 만큼 잘한 일이라 생각한다. 숨죽이면서 일만 하는 것이 능사가 아니다. 남들은 퇴출이 될 시기에 임원이 된다는 것은 여러모로 의미가 크다. 임원이 되면서부터 나 역시 서서히 은퇴 이후의 삶을 생각하기 시작했다. 제2의 삶을 대비해 취미나 특기를 개발하는 노력도 했다.

2003년 50대 초반이 된 나는 회사 일도 중요하지만 언젠가는 회사를 그만두고 난 이후의 삶을 생각해야 했다. 그래서 서울대 글로벌 리더십 과정GLP에 입문했다. 현역 국회의원, 군 장성, 기업체 CEO 등 많은 원우들을 만났다. 각 계층에서 활약하는 훌륭한 사람들을 만나기 위해 용기 내어 시간을 투자했던 것을 지금도 가장 알찬 투자라 여긴다.

이 시간에는 앞만 보고 살아왔던 과정을 다시 한 번 되돌아보면서 그동안 소홀했던 가족과 지인들에게 시간을 많이 할애하기도 했다.

삼성에서 퇴직하고 무역회사를 설립했던 50대 중반에 우연찮게 100년 전통을 가진, 연 매출 10조 원인 일본기업의 한국을 책임지는 CEO가 되는 기회가 찾아왔다. 샐러리맨으로 살면서 한 번쯤 갖는 경영자의 꿈을 이룬 셈이다.

이런 경험을 바탕으로 한 내 조언은 나처럼 대기업 샐러리맨들의 삶에 한정된 것일 수도 있다. 하지만 나의 인생경영 노하우가 많은 사람들에게 한번쯤 생각할 만한 보편적인 화두를 던질 수 있을 거라는 생각에서 감히 용기를 내었다.

꿈을 꾸어야 길이 생기고, 기회를 잡을 수 있다

기회는 언제나 우리 곁에 있다. 기회는 기다리는 자가 아닌 만들고자 노력하는 자에게 주어진다. 기회가 기회인 줄도 모르고 놓치고서 후회하는 사람들이 없기를 간절히 바라는 마음을 담아 『간절한 꿈이 길을 열다』 제하의 인생경영 책자를 발간하게 되었다.

하늘로 떠난
아빠를 기리며…

    저는 우리 아빠를 영육靈肉이 살아 있는 '열혈 생활인'으로 기억하고 있습니다. "역경을 피해 도망친 곳에 낙원은 없다."는 확고한 좌우명을 생활 신조로 삼아 항상 자신의 본분에 책임과 열성을 다하시며, 역경과 고난을 영광으로 반전시키는 드라마로 점철된 삶을 살아오신 분이셨기 때문입니다.

    이와 같은 살신성인의 극기와 희생으로 치열하게 살아온 아빠의 삶이 있엇기에 오늘의 저와 우리 가족이 축복 속에서 삶을 영위할 수 있었다고 생각합니다.

    연속되는 반전 드라마 속에서 제 아빠는 실현하는 미래를 위해 항상 자신을 둘러보며 회개와 성찰, 혁신과 도전의 정신으로 자신은 물론 자신이 속한 공동체까지도 바꾸어 왔습니다.

    여기에 더해 제가 출산 후 재취업이 지체되었을 때 안타까운 마음을 숨기지 못하시고 노심초사하시던 모습이 눈에 선합니다. 이처럼 가족에 대해서도 무한한 관심과 사랑으로 책임을 다하셨던 멋지고 소중한 분이셨습니다.

　가족과 공동체로부터 인정과 존경을 받던 아빠가 2018년 5월 갑자기 우리 곁을 떠나셨습니다. 저희 가족에게는 청천벽력 같은 일이었습니다. 더욱이 자신의 불꽃 같은 삶의 발자취를 녹여낸 자서전을 준비하시다가 말입니다. 안타깝게도 자서전은 미완성 초고 상태였습니다.

　이때부터 저희 가족들은 초고 상태로 자서전을 출판해야 할지 아니면 그만둬야 할지 가족회의를 거치면서 많은 고민을 하였습니다. 특히 자서전을 여러 차례 검토와 수정을 거치면서 완성도를 높여 출판해야 한다는 것은 알고 있었기 때문입니다.

　결국 아빠 서거 1주년을 맞이하면서, 불꽃 같은 삶을 살아온 아빠에게는 있는 그대로의 다듬어지지 않은 글이 오히려 아빠의 숨결과 체취를 담기에 더욱 어울릴지도 모른다는 결론에 이르러 『간절한 꿈이 길을 열다』란 제목으로 공개하기로 하였습니다. 남은 가족의 이러한 결정이 아빠가 하늘나라에서 편안히 영면하시는 데에도 도움이 되리라 생각합니다.

　자서전 출판 후 다듬어지지 않은 내용 등으로 본의 아니게 마음에 상처를 주는 일이 있지 않을까 하는 죄송스럽고 두려운 생

각에 마음이 너무 무겁습니다. 부디 넓은 혜량으로 이해해 주
셨으면 합니다.

비록 짧게 살다 가셨지만 평생 변화와 도전과 공동체의 정신
으로 살아온 제 아빠의 인생 역전은 저희 가족의 오늘과 내일의
안녕과 행복의 원천이 되리라 믿어 의심치 않습니다. 저와 제
가족들은 아빠 자서전의 출판 결정과 함께 아빠의 삶을 반추하
며 아빠처럼 자신의 본분에 책임과 열성을 다하는 열혈 생활인
으로 살아가기로 다짐해 봅니다.

그간 제 아빠를 위해 한 걸음 앞에서 길을 열어주신 분들, 한
걸음 뒤에서 길을 지켜주신 분들, 그리고 언제나 곁을 지켜주
신 많은 고마운 분들이 계십니다.

이 자리를 빌어 다시 한 번 물심양면으로 도움을 주신 여러분
들께 고마움을 전하며, 직접 찾아뵙지 못하고 이렇게 글로 대
신하여 인사를 드리게 됨을 용서 바랍니다.

부디 여러분의 가정과 직장에서 다복형통 하시어 모든 소망
이 이루어지기를 간절히 바랍니다.

아빠의 모습을 떠올리며 글을 쓰다 보니 어찌 이리 사무치게
그립고 보고 싶은지 마음이 아리어 옵니다.

항상 안녕히 계십시요. 감사합니다.

故 윤승중 딸 규리 드립니다

목차

하나

꿈꾸어라, 마치 처음처럼

도전하라, 마치 전사처럼

둘

셋 실행하라, 마치 리더처럼

세상의 청춘들에게 고함 넷

다섯 성공적인 인생 3막 만들기

꿈꾸어라,
마치 처음처럼

3시간 죽었다가
살아난 아이

"모험의 시험을 통과하지 않고서는
당신이 누구인지 알 수 없다."
- 조앤 롤링 -

　　나는 태어난 지 2주 만에 백일해로 죽었다가 3시간 만에 살아
난 아이였다. 1952년 7월 22일 충남 서천군 마산면 요곡리 27
번지에서 6남 1녀의 셋째 아들로 태어났던 나는 세상 빛을 보
자마자 어지간히 가족의 애간장을 녹였던 자식이었다.

　　태어나자마자 먹은 젖을 족족 토하고 경기를 일으키는 나 때
문에 가족들의 근심은 이만저만이 아니었다고 한다. 어머니가
노심초사하며 돌보았지만 결국 삼칠일도 안 된 어느 날, 갑자
기 내 숨이 멈추었다고 한다.

　　96세가 되신 어머니는 아직도 그날 일을 회상하실 때면 눈가
가 촉촉해지시곤 한다. 숨을 멈춘 조그마한 아들의 시체를 윗

목 이불에 덮어둔 채 가족들이 장례 협의를 했다고 한다.

그 시절 갓 태어난 아이가 병으로 일찍 생을 마감하는 경우가 그리 드물지 않았다. 당시만 해도 스무 살 이전에 요절하는 사람에게는 무덤조차 만들어 주지 않던 시절이었다. 하물며 태어난 지 얼마 되지 않은 나는 애기무덤은커녕 한 줌 화장재로 태워질 운명이었다.

그런데 기적이 일어났다. 목숨이 끊어졌다고 윗목에 밀쳐두었던 어린 아이의 입에서 가냘픈 숨소리가 흘러 나왔다고 했다. 모두가 파랗게 질려 다가가지도 못했는데 어머니가 허겁지겁 아이의 축 늘어진 몸뚱어리를 끌어안으니 갑자기 빽— 하고 울음소리를 터뜨렸다고 했다.

그렇게 기적적으로 되살아났던 사건 덕분인지 내 밑으로 4명의 동생이 더 태어난 이후에도 나는 다른 형제들보다도 부모님의 걱정과 배려를 더 많이 받을 수 있었다.

외갓집 식구들 (아랫줄 가운데 검은 치마가 13세 때의 모친)

6살이 되던 1956년 5월 외갓집이 있는 충남 논산군 황화면 두화리로 이사를 갔다. 먹고살기가 각박한 시절이라 나름 지역 유지로 사는 어머니의 친정일가가 모인 곳으로 간 것이다.

남양 홍씨 성의 외가 집안은 인근에서도 알아주는 유지 가문이었다. 어머니는 3남 3녀 중 다섯째 딸이었고 후에 납북되셨지만 둘째 외삼촌이 도쿄 유학을 마치고 고급 공무원으로 근무하실 만큼 집안도 유복했다. 셋째 외삼촌이 서울 한성상업학교를 졸업하시고 나중에 아성중학교 교장 선생님으로 재직한 지방 엘리트 집안이기도 했다.

그곳에서 아버지는 외삼촌이 교장 선생님으로 계시고 외사촌형이 영어교사로 있는 중학교의 서무과장으로 일하셨다.

1953년 외할머님(1893년생) 환갑기념

당시 대부분 어머니들이 인고의 세월을 견디며 묵묵히 집안과 아이들을 건사하는 것이 다반사였다. 그렇지만 나의 어머니는 시집오기 전까지는 부유한 집안에서 고생 모르고 커 오신 귀한 딸이었다. 비록 학교는 못 다녔지만 똑똑한 오빠들 틈바구니에서 글을 배워 일찍 깨우친 현명한 분이시기도 했다.

아버지를 만나 무지 고생하셨던 어머니는 늘 새로운 꿈을 품고 사는 아버지를 대신해 무거운 생계를 짊어지셔야 했다. 7남매를 키우면서도 어머니는 아버지를 탓하시거나 심한 잔소리를 하시는 모습을 보인 적이 없었다.

그런데 그런 지고지순한 어머니의 입에서 작은 한숨이 새어 나오는 날이 늘어났다. 자식도 많고 모시는 시부모님도 있는 집안에 가장 큰 일은 아마도 식량이 떨어지는 일이었을 것이다.

쌀이 떨어져 피죽도 못 끓여먹는 날이 많았다. 그럴 때면 어머니는 애써 씩씩한 모습으로 일어나셔서 인근 외갓집으로 향하곤 했다. 어머니는 내색을 하지 않았지만 어머니의 축 처진 어깨와 굽은 등의 모습에서 어린 내 눈으로도 가족을 책임졌던 어머니의 고단함을 느낄 수 있었다.

어린 시절부터 나는 가난과 앞날에 대해서 다른 형제들보다 더 민감하게 걱정하는 애늙은이같은 면이 있었다. 어머니가 당신의 몸집보다 더 큰 쌀포대를 이고 오는 것을 봐도 그저 신나하지 않았다. 애잔해 보이는 어머니의 모습을 보다가 어머니를 도와드려야 한다는 생각에 초등학생 3~4학년짜리가 자기 키만

한 물지게도 찾아 지고, 힘이 닿는 만큼 물통에 가능한 많은 물을 채워서 날랐다. 아궁이 불도 때고, 밥상도 알아서 척척 폈다.

나는 항상 어머니를 어떻게 하면 신나고 기쁘게 해드릴까 궁리를 하곤 했다. 이런 것들이 내가 성장한 후에도 역지사지로 상대를 배려하고 이해하는 성격 형성에 큰 영향을 줬던 것 같다. 자식 많은 집의 셋째 아들로 태어났지만 마치 딸처럼 집안 살림을 돌보는 나를 주위 어른들이 많이 귀여워하셨다.

1957년 우리 가족은 외가가 있는 황화면 두화리에서 논산군 연무읍 삼거리로 새집을 지어 이사를 했고 나는 1959년 3월 황북국민학교에 입학했다. 나의 새로운 삶은 이렇게 시작되었다.

어릴 때부터 기적적으로 되살아났던 이야기를 많이 듣고 자랐던 때문인지 내가 뭔가 남다른 아이가 아닐까 하는 공상을 많이 했었다. 위인전의 인물들이 하나같이 신비롭고 특이한 탄생 신화를 가진 것처럼……. 지금에 와서 보면 내가 특별한 존재라고 여겼던 공상들이 내 삶을 지배하면서 결과적으로 성공 방정식을 써내려갈 수 있었던 원천이 되었다고 생각한다.

아들딸들을 위한 아빠의 멘토링

Q: 어떻게 하면 원하던 삶을 살아갈 수 있을까요?

A: 실패해도 괜찮으니 최선을 다해 도전하는 과정에서 현재와 미래의 행복을 찾을 수 있을 것입니다.

세상에는 원하던 삶을 살아가는 사람이 있는가 하며 그렇지 못한 사람도 있습니다. 최선의 삶을 살아가기 위한 노력을 포기하고 적당히 타협하며 안주하며 살아가는 사람과 원했던 삶을 위해 최선을 다했지만 뜻을 이루지 못한 사람의 만족도 중 어느 것이 더 클까요? 내 경험으로 비추어 볼 때 후자의 경우에 방점을 둡니다.

'실패는 성공의 어머니' 성공은 무수한 도전과 실패의 반복 속에서 가능합니다. 실패를 많이 해보면 많은 경험과 교훈을 얻게 돼 성공할 확률이 높아지기 때문입니다. 많은 기회를 잡으려고 최선의 노력을 다하는 사람만이 행운을 누릴 수 있는 확률을 높일 수 있습니다. 도전하는 기회를 잡지 않으면 실패를 하지는 않겠지만 성공도 하지 못합니다. 시도도 하지 않고 후회하는 것보다는 과감히 도전하고 실패하는 편이 낫습니다.

그래서 나는 내 자식들에게 "실패해도 괜찮다. 다시 도전하라."라고 권하고 싶습니다. 현재는 모든 과거의 필연적 산물이고 모든 미래의 필연적 원인이 됩니다. 우리가 과거에 무엇을 했고 현재 무엇을 하느냐가 미래를 가를 것이기 때문입니다.

풍운아 아버지
윤 일병

"큰 나무 아래에는 그에 맞는 자양분이 있기 마련이다.
대부분의 영양분은 많은 사람들이 범한 실수에서 나온다."
- 이신 마윈 -

우리가 인생을 살아가면서 삶의 자양분을 가득 주는 멘토들을 한두 명 이상은 만나게 된다. 그런데 사실 내 삶에 지대한 영향을 주는 멘토는 그리 멀리 있지 않다. 주변을 둘러보라! 멘토가 될 만한 사람이나 그 사람이 속한 네트워크가 바로 곁에 있는 경우가 많다. 그들 때문에 우리는 성장하고 성공할 수 있다.

내 생애 처음으로 만난 멘토는 바로 나의 아버지였다. 당시 아버지는 내 주변에 있는 사람 중에서는 세상에 대해 많은 것을 아시는 인물이었고, 내가 아는 유일한 지식인이셨다. 물론 이것은 유년기와 청소년기의 어리고 좁은 내 시야에 비친 아버지의 모습 때문에 가진 착각일지도 모른다.

되돌아보건대 지금의 객관적이고 성숙한 눈으로 본다면 아버지는 풍운아 기질이 있으신 분이었다. 사실 풍운아라는 말도 어쩌면 미화된 것인지도 모른다. 어떻게 보면 세파에 휘둘린 무능한 가장이었을 수도, 시대를 잘못 만나 자신의 생을 원하는 대로 살지 못해 인생을 아쉽게 보내신 분이셨을 수도 있다.

하지만 다른 건 몰라도 아버지는 시대의 격랑 속에서 늘 최선을 다하고자 노력했던 분이라는 건 확실하다. 19세 때(1942년) 철도공무원 생활을 하셨던 아버지는 20세 때 교원 자격증을 따실 만큼 나름 명석한 머리를 가진 청년이었다. 1943년부터 소학교 교사를 하셨던 아버지는 인물도 좋으셨고, 부여군 운동회 때 달리기, 씨름대회에서 쌀가마를 타실 만큼 풍채도 좋으셨다.

아버지의 첫 선생 부임지 구룡소학교(1943년)

철도청 근무 당시(20세)
아버지

그런데 시대는 그렇게 열심히 사시던 아버지를 그냥 두지 않았던 같다. 수탈과 압박이 심해지던 일제 말기였던 1945년 만주로 징용되어 떠나시게 되었으나 다행히 얼마 안 돼 만주에서 해방을 맞이하셨다. 해방된 지 한 달 만에 그 면 거리에서 고향으로 내달려 돌아오셨을 만큼 삶에 대한 갈망과 고향과 가족에 대한 그리움이 크셨던 분이었다.

그 당시에는 어느 집안이나 크고 작은 어려움들이 있었지만, 고향으로 돌아온 아버지에게도 힘든 상황이 기다리고 있었다. 장남이었던 아버지가 만주로 끌려가자 시름에 잠겼던 할아버지는 매일 술을 드시다 결국 몸져 누우시고 말았다. 아버지가 귀향하신 지 두 달 만인 1945년 11월 결국 할아버지는 돌아가셨다. 그나마 아버지는 할아버지의 임종을 지켜볼 수 있어서 다행이셨을까?

일제 강점기 강제 징용돼 끌려가셨고, 해방 후 좌익과 우익의 극렬한 대립과 민족상잔의 6·25 전쟁을 몸소 겪으면서 격동의 현대사를 살아오신 아버지. 안타깝게도 아버지는 세상을 향한 불만으로 가득차 있었다. 자신을 알아주지 않고, 자신의 능력을 펼치지 못하게 만든 사람들과 세상을 한탄하며 불평 속에 살아가셨다.

소학교만 졸업하시고도 교사를 할 정도로 자기계발 노력과 잠재능력이 출중하셨던 것은 틀림없지만 안타깝게도 아버지의 능력은 거기까지였는지도 모른다. 이상과 꿈만은 드높았던 아버지였기에 현실과의 괴리를 누구보다도 못 견뎌 하셨다. 너무나 답답한 삶의 탈출구를 정치에서 찾았다면 아마도 성공하셨을지도 모른다. 하지만 불행하게도 아버지는 그런 선택을 못 하셨다.

그래서 이런 아버지를 떠올릴 때마다 회한에 찬 그리움에 가슴이 뻐근해지고 눈초리에 눈물이 금세 고인다. 어찌 됐든 내게는 제일 잘난 지식인이었고 나의 앞길에 혜안과 지혜를 제시해 주신 사표가 되셨다.

아직도 기억나는 것이 1959년 논산군 황북국민학교 입학식 때 담임선생님을 찾아가서 반장을 시켜주었으면 하고 대놓고 밝히신 것이었다. 아버지는 소위 말하는 '치맛바람'이 아니라 '바짓바람'을 일으킨 분이셨다.

검정 윗옷의 왼쪽 가슴에 손수건을 달고 조회대 앞에 선 나를 물끄러미 바라보며 빙긋이 웃으시던 아버지의 모습이 선명하다.

아버지는 학교 사람들에게도 유명 인사였다. 당시 동네 유지였던 셋째 외삼촌이 지금으로 따지면 육성회장격인 사친회장을 맡아 학교 운영에 관여하고 계셨다. 단순히 처남이 육성회장이어서가 아니라 아버지 자체가 사람들에게 친화력 있게 잘 다가가는 분이었다. 아버지는 얼굴미남이신데다 언변과 성격과 친화력도 좋아 학교 선생님들에게도 인기가 많으셨다.

당시 1학년은 딱 두 반이 있었다. 담임이셨던 김창수 선생님은 연세가 지긋한 분이었는데 아버지의 로비가 주효했던 것인지 나를 반장으로 지목해주셨다. 초등학교 시절부터 자존심이라고 할까? 고집이 매우 셌던 나는 반장이라는 타이틀에 걸맞게 행동하려고 노력했다.

자리가 사람을 만든다는 말은 진리다. 반장이란 자리가 장난기 많은 개구쟁이였던 나를 또래보다는 의젓하게 만들었다. 다른 아이들이 어지럽힌 것들은 솔선해서 대신 치웠고 선생님이 들어서면 '차렷!', '경례!'라는 구령을 우렁찬 목소리로 외쳤다. 반장인데 공부를 못하면 안 된다는 생각에 공부도 열심히 했다.

국민학교 시절에 대한 좋은 추억도 많지만 다들 먹고 살기 어렵던 시절이라 기억하기 싫고 고통스러운 추억 또한 많다. 우리 집에 들이닥친 곤궁의 원인에는 우리나라 근현대사 속 거물 정치인이 자리하고 있다면 믿을 수 있을까? 하지만 이것은 엄연한 사실이다.

나의 유년기와 청소년기에 지대한 영향을 끼쳤던 인물에는 나의 아버지 외에 K 총재와 K 의원이 있었다. 이 두 정치인과는 일면식도 없는 사이였지만 이들이 우리 가족의 삶에 많은 영향을 준 것은 사실이다.

이 두 거물 정치인과 아버지는 남다른 친분관계가 있었다.

1961년 일어난 5·16 혁명의 주역인 K 총재와 K 의원은 같은 동향 부여 출신이다. 아버지와 한 동네에서 자랐고, 비슷한 시기에 학교를 같이 다니셨다. K 총재와는 소학교 동창이고, K 의원은 아버지의 고종 사촌동생이기도 하다.

나라를 좌지우지하던 사람들이 지척에서 알고 지내던 사람들이라는 이유만으로 아버지는 가슴 가득 꿈에 부풀었던 것 같다. 그런 엄청난 그들과 친분관계를 가지고 있으면서 정치에 대한 꿈을 마음에 품지 않았다면 더 이상한 일이었을 것이다. 그들이 펼치는 정치판 곁에 기웃거리며 돌아다니다 보면 뭔가 주어지겠거니 하는 기대가 분명 있었을 것이다.

아버지의 정치에 대한 관심이 내 삶에 남긴 자취는 깊고 짙다. 아버지 덕분에 나는 정치라는 것에 흥미를 갖게 되었고, 고작 중학생 시절에 장래희망을 국회의원으로 적을 만큼 영향을 크게 받았다. 사나이로 태어나 한 나라를, 더 나아가 세계사를 움직이는 거대한 그룹에 들어가 보는 것도 나쁘지 않겠다고 생각한 것도 아버지 덕분이었다. 5·16이 일어난 후, 아버지는 서울로 올라가서 K 의원에 심신을 의탁하기로 결심했던 것 같다. 아마도 살기 힘들다고 하면 한 자리를 주던지, 어떤 일을 맡겨줄 것이라 여기셨던 것 같다. 하지만 이익과 권력을 위해 이합집산 하는, 머리와 뒷배 좋은 사람들이 얼마나 근처에 오죽 많았을까? 결국 아버지는 아무런 자리도, 부도, 꿈도 이루지 못한 채 정치판에 대한 기대를 접으시고 고향으로 돌아오셨다.

3년여를 정치판에서 방황하다가 다시 돌아오신 아버지는 의기소침해 보였지만 오랜만에 다같이 모여 살게 되었다는 사실에 매우 만족하셨다. 가족들의 이해와 격려 속에 제 위치로 돌아온 아버지는 자신의 부재로 남루해진 집안살림을 챙기면서 가장 노릇을 제대로 하기 시작하셨다. K 의원 측근의 도움으로 수리조합에서 일하시게 되면서 궁핍한 살림살이가 좀 펴지기 시작했다.

하지만 아버지는 가족들만큼 행복해하지 않으셨던 것 같다. 당신의 꿈은 늘 현실보다는 높았다. 그런 현실과 이상의 괴리가 화근이 된 것일까? 아버지는 예순도 안 되어 세상을 떠나시고 말았다. 주변에서는 아버지가 농사를 천직으로 여기셨다면 더 오래 사셨을 거라는 얘기들을 많이 하셨다.

높은 자리에서 권세를 누리는 실세 정치인들과 자신의 삶을 비교를 하면서 굴욕과 굴종감 속에서 어떻게 살아오셨는지 솔직히 잘 모른다. 하지만 당신이 바라던 삶을 살지 못했기에 자신의 심신을 제대로 챙기며 살아가는 데 필요한 여유가 없었을 것이다.

아버지는 주변의 도움을 받아 수리조합의 조합장까지 되고 싶은 욕망도 가지셨지만 조합장에 걸맞는 능력이 부족하셨기에 정년퇴임을 맞이할 수밖에 없었다. 게다가 아버지는 실제 나이보다 2살 빠른 나이로 호적에 등재돼 있어서 손해를 보았다. 원

서천 수리조합 근무 시 어머니와 함께

래 어머니보다 1살 연하셨지만 호적상 1살 연상이 된 이유는
어수선한 시절 탓이었다. 연령 부풀리기로 징집을 모면하려고
했던 궁여지책이 직장생활의 끝을 앞당기게 되는 불운을 초래
했던 것이다.

내가 26살이고, 막냇동생이 17살일 때 정년을 맞이하셨다.
모르긴 몰라도 아마 가장으로서의 고뇌와 시름이 극에 달하셨
을 것이다. 자녀 두 명만 되면 등골이 휠 지경인데 건사해야 할
자식들이 일곱 명이나 있었으니 얼마나 애를 태우셨을까.

아버지는 마지막 근무지인 부여 농지 개량 조합으로 한 계급
진급하며 금의환향하시게 되었다. 서천에서의 전출 송별회 때
술을 많이 드셨던 탓인지 부여에 오시자마자 뇌졸중으로 쓰러
지셨다. 큰형이 반신불수의 몸이 된 아버지를 업고 수시로 침을

맞으시게 해 드리러 다녔다. 정성어린 간병 덕분에 마침내 몸이 거의 완치된 듯 보였다. 하지만 결국 퇴직 후 1년도 안 되어서 돌아가셨다. 그때가 1978년 2월이니 57세이셨다.

직장을 다니다가 정년퇴직하여 갑자기 할 일이 없으시니 동네 소일로 왔다 갔다 하셨던 아버지는 윷놀이도 하시고 동네 사람들 일에 이리저리 훈수를 두시며 마실을 다니셨던 모양이었다. 정월대보름 마실 구경을 다녀오시고는 다음 날 아침에 쓰러지셨다. 원래 뇌 질환 환자는 두 번째 쓰러지면 예후가 좋지 않다고 한다.

나는 서울에서 특전사 장교교관으로 후임들을 가르치고 있을 때 부고 소식을 들었다. 연락을 받고 바로 내려갔지만 임종을 지키지 못했다. 전방에서 병사로 있던 바로 밑 동생은 탈상을 한 후에야 겨우 집에 올 수 있었다.

2월에 아버지가 돌아가시고 그해 8월에 내가 삼성에 입사했다. 지금 생각해보면 아버지가 당신의 삶에 그럭저럭 만족하시고, 자식들이 무탈하게 잘 커나가는 것을 보시면서 마음을 잡고 달래셨다면 아마도 더 오래 사셨을 것이다. 자식의 대기업에 입사는 아버지 삶에 큰 활력소가 되었을 것이라 생각한다.

이름난 정치가들처럼 한 세상 빛나게 살지 못했더라도 소박하게 삶에 자족하고 생을 매만져 나가셨다면 더 오래 사셨을 텐데……. 삶에 대한 부정으로 폭음하셨고, 폭음 뒤에는 소위 잘나가는 사람들을 향해 울분을 토하시며 사소한 일에도 바르르

떨며 노여워하셨다. 이처럼 못 펼친 생에 대해 한탄하며 지샜던 아버지가 온건할 리 없었다.

아버지를 떠올리면 가슴이 많이 아프다. 내 고등학교 수석 합격 소식을 듣고 매우 기뻐하시며 동네 사람들, 회사 동료들, 친인척들한테 알리셨던 분이셨다. 그런 아버지가 자식들이 성장하여 사회의 일원으로 나름 탄탄하게 뿌리를 잡고 자라나는 모습을 제대로 못 보고 돌아가신 것을 생각하면 눈물이 앞을 가린다.

아버지는 많이 부족하셨고, 같이 보냈던 시간이 길지는 않았지만 분명 내 삶의 큰 이정표셨다. 당신 덕분에 나는 후회하지 않는 삶을 만들기 위해 열정적으로 살 수 있었다고 확신한다. 또한 내 삶이 나의 자식들에게 어떤 영향을 끼칠 것인지를 되돌아보게 한 것도 아버지셨다. 그래서 후회 없이 내 아이들을 사랑하고 지켜봐줄 수 있었다. 살아가면서 누구나 이상과 현실 사이의 괴리를 직면하게 된다. 이것을 어떻게 극복하느냐에 따라 성공과 실패로 갈리게 된다. 나는 빨리 맞이한 아버지의 죽음을 기리면서 이에 대한 해답을 찾고자 많은 생각을 했다. 그 해답은 꿈과 실천을 통해 괴리를 극복해 나가는 데 있었다. 이런 삶의 지향점을 찾게 해 주신 아버지께 그저 감사할 뿐이다.

아들딸들을 위한 아빠의 멘토링

Q: 부모님과의 의식구조와 사고방식의 차이가 너무 심해서 관계 유지에 어려움이 많습니다. 그분들과 화해를 하려면 어떻게 해야 할까요.

A: **부모와의 관계는 내 사회적 관계의 가장 큰 원형으로 남습니다. 한 명의 어른으로, 사회인으로 당당하게 서기 위해서는 부모와의 관계를 잘 설정하셔야 합니다.**

현재의 관계는 과거 경험했던 관계의 거울입니다. 현재의 사회적 관계가 행복하지 않다면 부모와 나의 관계가 어떠했는지를 한번 돌아볼 필요가 있습니다.

부모는 최고의 조력자가 될 수도 있지만 때로는 가장 외면하고 싶은 대상이 되기도 합니다. 부모와 친밀함을 통해 마음에 아름답고 긍정적인 것들로 가득 채워진 자녀는 고난과 역경이 닥쳐와도 거뜬히 이겨나갈 수 있습니다.

부모에게 받은 사랑, 배려, 격려, 위로, 응원, 인정, 존중, 헤아림이라는 보석으로 자신의 보석 상자를 가득 채운 자녀는 훗날 인생의 역경 속에도 부모에게서 받은 보석을 꺼내오며 역경을 이겨낼 정신력과 지혜를 찾아낼 수 있습니다.

부모와의 관계개선을 위해서는 먼저 다가가서 문제와 불만을 꺼내보시기 바랍니다. 원래 문제는 밖으로 드러나야 더 심각해지는 것을 막을 수 있습니다. 치유하려고 애쓰는 과정 자체가 이미 치유의 과정입니다. 감추려 하고 대수롭지 않게 여기기 시작할 때 부모와의 관계는 곪기 시작합니다.

결핍은 나의 힘
– 꿈으로 빈틈을 메우다

"인생이란 결코 공평하지 않다.
이 사실에 익숙해져라."
- 빌 게이츠 -

솔직히 모든 사람들의 삶이 공평할 수는 없다. 우리에게는 자신이 가난한 집에 태어날지 부유한 집에 태어날지 결정할 수 있는 권한이 없다. 하지만 탄생 이후의 삶에서는 자신의 선택 여하에 따라 가난과 부유가 갈릴 수 있다.

사람들은 결핍이 힘이 되지 못한다고 생각한다. 결핍은 부끄러움과 초라함으로 이어지기도 한다. 하지만 때로는 '결핍'이 힘이 될 수 있다.

나에게 없는 것을 채우려고 노력하다 보면, 어느새 풍요로움이 빈틈을 메우게 된다. 그것이 바로 결핍의 힘이다. 그런 역발상으로 보면 '결핍'은 삶을 더 아름답게 살아가게 하는 원천이 된다.

아버지가 청운의 꿈을 품으시고 서울로 올라간 1962년으로부터 3년 동안 우리 집은 매우 힘든 시기를 보냈다. 내가 초등학교 3학년에서 5년이 될 때까지 가장이 집 밖으로 다니니까 제대로 된 수입이 하나 있을 리 없었던 우리 집 쌀독은 종종 동나기 일쑤였다.

1961년 정월 초하루 충남 논산군 연무읍 삼거리 집에서
(아랫줄 왼쪽에서 두 번째가 10살 때의 필자)

얼마나 가난했는지를 알려주는 에피소드는 무수히 많다. 그중 하나가 중학생이 된 바로 위의 형의 입학금을 내지 못한 일이다. 외삼촌이 교장 선생님으로 재직했던 그 학교는 원래 사립이었는데 중간에 정부 방침에 의해서 공립으로 바뀌었다.

솔직히 당시 돈으로 공립 중학교 입학금이 비쌌다한들 얼마나 비쌌을까? 지금 돈으로 환산하면 많아야 몇 십만 원 정도의 돈이었을 것이다. 그런데 그 돈이 없어서 못 냈던 것이다.

갓 강경상업고등학교에 들어갔던 큰형, 입학금도 못 낸 바로 위 중학생 형, 국민학교 4학년인 나, 1학년인 동생, 취학 전 동생들까지 줄줄이 바라보시면서 어머니는 얼마나 애가 타셨을까? 두 자식을 키우는 내가 지금 생각만 해도 가슴이 아플 지경이니 당시 어머니의 가슴은 숯처럼 새까맣게 타셨을 것이다.

다행스럽게 둘째형은 입학금을 내지 않게 되었다. 입학 성적이 8등이었기 때문에 학교 자체는 입학할 수 있었던 것이다. 하지만 문제는 거기서 끝나지 않았다. 당시 가난한 집 자식들은 학교에서 차별을 무지 많이 받았던 시절이었다. 선생님들이 등록금을 내지 않은 학생들은 시험도 보지 못하게 하고 사납금을 갖고 오라며 수업 중에 내쫓기도 했다.

그런 집안에서 자라나는데 철이 빨리 들지 않는 것이 이상한 일이었다. 아무리 국민학생이라도 학교에 준비물이나 행사 때문에 돈을 내야 할 때가 있었다. 돈 가져오라는 소리를 담임선생님한테 듣는 날이면 어머니한테 말도 못 하고 뱅뱅 밖으로 돌다가 고개 숙인 채 학교에 가야만 했다. 돈을 낼 수 없어서 국민학교 6학년 수학여행을 포기해야 할 정도였다. 정말 가고 싶었지만 그럴 수 없었다. 가난한 살림에 아들의 수학여행비를 마련하기 위해 이웃집이나 외갓집에 가서 고개를 떨어뜨려야 하는 어머니를 생각하면 도무지 고집을 피울 수가 없었다. 어렸던 나이에도 나는 내가 단념해야 하는 것들을 일찍 알았다.

"저 수학여행 못 가요. 선생님!"

담임선생님께서는 "왜?"냐고 묻지도 않으셨다. 당시에 돈이 없어서 여행을 가지 못하는 아이들은 비단 나뿐이 아니었던 까닭이었다. 공부도 잘하고, 통솔력도 있고 싹싹한 내가 돈 때문에 학교에 남아 자습을 하겠다고 하는 것이 못내 짠했던지 선생님께서 수학여행비를 대신 내어 주셨다며 수학여행 준비하고 참석하라고 하셨다.

어렸던 나는 솔직히 자존심을 챙기기보다는 너무 기뻤다. 그저 단념했던 여행을 갈 수 있다는 사실만으로도 좋아서 한달음에 집으로 뛰어가서 소리쳤다.

"저 서울 수학여행 갈 수 있대요. 김밥 좀 싸주세요. 엄마."

그토록 기뻐하는 아들의 얼굴을 흐뭇하게 바라보던 어머니의 얼굴이 잠시 어두워졌다. 해거름에 어머니는 몰래 어딘가에 다녀오셨다. 그리고 물끄러미 나를 바라보더니 허리춤에서 종이돈을 꺼내 주셨다.

도시락만 싸갖고는 수학여행을 갈 수 없다는 것을 당시 어렸던 나는 몰랐다. 이제야 어머니가 남의 집에 가셔서 여행에 간 아들에게 줄 용돈 몇 푼을 변통하셨다는 것을 깨달을 뿐이다. 가슴이 아팠지만 그때의 나는 어렸기에 그만큼 철이 없었다. 미안함을 갖기보다는 많이 기뻤다. 당장 내일 떠날 여행에 들떠서 잠까지 설칠 정도였다.

1965년 황북17회 6학년 2반 졸업사진

4학년에서 5학년 올라갈 때 공부를 잘하는 나를 보고 선생님들이 과외를 받으라고 말했다. 당시에는 쌀을 과외비 대신에 갖다 주고 하는데 우리는 농사를 안 지으니까 그마저도 불가능했다. 텃밭에 씨 뿌려 채소나 나물 같은 것은 직접 키워서 먹고 쌀은 외갓집에서 공수를 해오곤 했다. 외갓집에 가서 생활에 필요한 양식이나 물건들을 어머니가 이고 지고 오는 모습을 보면서 가난이라는 것이 얼마나 불편하고, 서러운 것인지를 깨닫게 됐다.

동네에서는 나를 똘망똘망한 아이로 여겼다. 그도 그럴 것이 나는 운동도 잘하고 공부도 잘했다. 반장을 맡아 또래 아이들을 잘 통솔하고, 달리기도 잘해서 운동회만 하면 노트를 받아왔다. 다른 아이들이 1~2권 받기도 어려울 때 나는 10권은 너끈히 받아서 신나게 집에 뛰어오곤 했다. 노트나 연필 같은 물자가 귀한 시대였기에 운동회만 열리면 상을 타려고 죽어라 달렸다.

없이 살아도 나는 자존심이 매우 센 아이였다. 입학하고 나서 5학년이 될 때까지 한 번도 반장 자리를 놓친 적이 없었다. 그런데 6학년이 되자 새로운 담임선생님이 우리 반을 맡으셨다. 갓 사범대를 졸업하고 군대까지 다녀온 젊은 남자 선생님이었다. 이분이 오시자마자 일어서서 구령을 하는 나를 힐긋 보시더니 반장 선거를 치러서 새 반장을 뽑겠다고 선언하셨다.

항상 반장을 맡았던 나는 투표로 새로운 반장을 뽑겠다는 말에 충격을 받았다. 자존심도 상했다. 투표 결과 5표 차이로 내가 떨어지고 말았다. 평소에 카리스마 있게 잔소리하는 것을 싫어했던 여학생들의 표심을 좀 잃었던 것 같다. 선생님은 가장 다수표를 차지한 김광중에게 반장을, 두 번째로 표를 얻은

1997년 5월 황북초등학교 방문 기념

나를 부반장에 임명했다. 하지만 나는 그걸 거부했다.

"이건 반장선거잖아요? 2등으로 표 얻었다고 부반장 시키신다고 하지 않으셨으니까 전 안 할래요!"

지금의 내가 생각해도 제법 맹랑한 말인데 당시 잔뜩 권위를 세우고 싶었던 신참 선생님은 많이 기분 나빴을 것이다. 계속 권유를 하는 선생님에게 나는 "그러면 부반장 선거를 다시 하세요."라며 대들고 말았다.

'쫙―!'

부모님에게도 단 한 번도 맞지 않은 따귀를 선생님에게 처음 맞았다. 정신이 없었지만 오기가 생겼다. 때려놓고도 스스로 매우 당황해하던 선생님에게 나는 고집스럽게 말했다.

"맞았으니까……. 저 부반장 안 해도 되죠?"

결국 부반장을 맡지 않았다. 그만큼 자존심이 셌다. 처음에 그토록 내 자존심을 뭉개버렸던 담임 선생님은 나중에는 나를 살뜰하게 보살펴 주셨던 내 삶에서 고마운 은사가 되셨다. 졸업한 지 50주년이 되던 2015년 12월에 반창회와 송년회를 하면서 6학년 2반 친구들과 함께 감사패와 못다 한 마음을 전해 드릴 수 있어서 매우 기뻤다.

초등학교 3학년과 4학년 시절 학교 사택 옆에서 살던 나는 우리 집과는 비교가 안 되게 좋은 환경에서 사는 친구들을 많이 만났다. 그 만남들이 내 인생에 큰 변곡점이 되었던 것 같다. 당시

황북 17회 졸업 50주년 기념

전북대학교 교수의 아들 K과 G, 그리고 연무대 중학교 교장의 딸 K의 유복한 모습에 가난한 우리 집 환경과 비교를 하면서 열등감에 젖기도 했지만 좋은 환경에 자라는 그 아이들을 보면서 나도 저렇게 살고 싶다는 꿈도 키웠던 것 같다.

지금 생각해 보면 어린 시절 결핍들이 늘 나를 움직이게 만드는 동력이 되었던 것 같다. 부족한 게 없는 사람은 잘 모르겠지만 그 부족함을 간절하게, 절실하게 느끼는 사람은 그 틈을 메우기 위해 바지런히 움직일 수밖에 없다.

결핍은 또한 꿈을 지속하게 한다. 결핍을 꿈의 소재로 삼고 그를 채워가는 과정을 성공 에피소드로 활용한 사람들이 의외로 많다. 결핍은 견디고, 마침내 해내게 하는 힘이 있다.

어느 선에 올라갔다고 안주하지 않아야 하는 이유에 늘 '결핍'이 있었다. 부족하고 배고프고 모자란 것을 경험했던 사람들은 그것을 채우기 위해 꿈이라도 꿀 수밖에 없다.

'내가 만약 여유로운 부모 아래에서 풍요로운 성장기를 보냈다면?'

'20대의 길고도 치열했던 방황의 시기를 보내지 않았다면?'

'좀 더 좋은 대학이나 스펙을 가졌다면?'

그처럼 희망 가득한 시선으로 내일을 기다릴 수 있었을까? 남들이 생각하는 '결핍'이 있었기에 더 행복한 삶을 꾸려나가기 위한 길을 모색했고, 꿈을 꿀 수 있었다고 확신한다. 어쩌면 결핍과 풍요는 종이 한 장 차이일지도 모른다. 그것을 바라보는 시선이 어떤가에 따라 판명이 날 뿐. 목말라 하는 만큼 노력할 것이고, 간절히 원하는 만큼 최선을 다할 것이다.

하지만 절대적인 결핍이 사라진 요즘과 같은 시대를 맞이하고도 많은 젊은이들이 결핍을 느끼며 불행해할 뿐이다. 물론 위화감을 느끼게 하는 상대적인 결핍의 문제를 사소하게 보는 것은 아니다. 하지만 같은 결핍을 겪고도 누구는 꿈과 행복의 자양분으로 삼는 반면 누구는 좌절과 불행의 씨앗으로 여기는 것은 잘 생각해봐야 할 사실이다.

결핍에 대한 생각을 바꾸어야 삶이 바뀔 수 있다. 가난하다고 꿈조차 못 꾸는 나라였다면 우리나라는 이미 지도상에서 사라지지 않았을까?

아들딸들을 위한 아빠의 멘토링

Q: 흙수저니 금수저니 하는 단어 속의 계급론을 들으면 숨이 막힙니다. 이런 담론이 자연스러운 사회 속에서 우리 청년들은 어떻게 해야 반등을 꿈꿀 수가 있을까요?

A: **올바르게 열심히 정직하게 살아가는 흙수저들도 금수저를 잡을 수 있는 세 상이 되기 위해서는 좌절하고 절망만 할 것이 아니라 변화시키기 위해 노 력해야 합니다.**

흙수저 인생이라고 슬퍼하거나 절망하는 것은 아무런 힘이 없습니다. 인생은 '뒤웅박'이라 했습니다. 열심히 세상의 법을 지키면서 최 선을 다하여 성실하게 살다 보면 예측하지도 않던 큰 복이 나와 내 가족에게 찾아올 것입니다.

절망도 죄악입니다. 하등 쓸모없는 감정입니다. 희망은 복을 부르는 아름다운 찬미가입니다. 아무리 어려워도 희망을 버리지 말고 희망 의 끈을 꼭 잡고 내게도 큰 복이 찾아온다는 확신을 가지면 반드시 흙수저가 금수저로 바뀌는 행운을 차지하게 될 것입니다. 이 세상에 그런 증거가 된 위대한 인물들은 의외로 정말 많답니다.

재수 인생,
미래를 바꾸다

"좌절과 실패도 삶의 일부분입니다."
- 혜민 -

어린 나이에 겪는 좌절과 실패가 그를 주저앉게 만들 수도 있지만 오히려 더 빨리 반등할 수 있는 기회를 제공하기도 한다.

아버지가 수리조합에 근무하시면서 예전보다는 조금 집안에 여유가 생겼고, 자식들의 교육에 관심을 기울이시기 시작했다. 특히 6학년이 돼서도 공부를 잘하고 똑똑하다는 말을 많이 듣는 내게 기대를 많이 거셨던 것 같다.

반장 선거 때문에 내 뺨을 때리셨던 담임 선생님과 아버지는 그 후 나이를 떠나 죽이 맞는 친구가 되셨다. 아버지를 '형님!' 이라 부르며 곧잘 술잔도 잘 기울이게 된 담임선생님은 첫인상과는 다르게 나에게 잘 대해 주셨다. 직접 댁에서 공짜로 과외

시켜 주신 것도 그분이셨다.

"형님, 승중이는 도시로 가도 될 만큼 똑똑합니다. 꼭 도청 소재지인 대전에 있는 중학교로 보내야 합니다."

그런데 예상치 못한 이변이 일어났다. 내가 처음에 지원했던 대전중학교에 같이 원서를 넣은 친구 2명과 함께 다 떨어져버린 것이다. 아이들 중에서 월등히 실력이 좋아 다른 아이까지 가르칠 정도였던 내가 떨어져버렸으니 아버지의 상심은 말도 못하게 컸다.

1965년 1월 2차로 충남중학교에 간 Y라는 친구가 사놓은 한밭중학교 원서를 얻었던 나와 K는 시험을 봐서 한밭중학교에 가게 되었다.

대전에서 중학교를 다니게 도와주었던 그 Y라는 친구가 바로 K 의원 누나의 아들이자 바로 K 전 의원의 비서관을 했던 Y 씨의 동생이었다. Y 씨는 그 시절 드물게 대학을 나온 사람이었다. K 의원이 국회의원직을 유지한 18년 동안 비서관을 도맡아 했을 만큼 일도 잘하고 능력도 있었다. 이런 까닭에 난 중학교 3학년 때부터 친구의 형을 보며 정치인의 꿈을 키워나갔다.

내가 형들이 다닌 지역 중학교가 아니라 도청 소재지인 대전의 중학교에 다닐 수 있었던 것도 좀 나아진 살림 덕분에 가능했다. 그즈음 아버지는 예산군에 있는 예당 농지개량 조합으로 전근 오셨다. 물론 집안 형편은 내 뒷바라지를 살뜰하게 할 만큼 넉넉하지는 않았다. 아버지는 고모네에 나를 위탁하는 대가로 쌀값을 보내드렸던 것 같다.

솔직히 중학교 시절은 별로 기억에 남을 만한 추억이 없다. 당시 고모네는 고종사촌만 6명이었고, 고모부의 동생과 함께 살고 있었다. 더부살이나 다름없는 생활을 하면서 느끼는 건 눈치밖에 없었다. 사촌들과 싸우는 날이면 "맘에 안 들면 너희 집에 가!"라는 소리도 들었다. 지금의 기민하고 민첩한 내 기질들은 아마도 당시 고모네와 살면서 만들어진 게 아닌가 생각한다. 쫓겨나 집으로 가지 않기 위해서는 눈치껏 행동해야 했으니까.

하지만 상급 학교 시험에 떨어진 것은 이번 한 번으로 끝나지 않았다. 당시에는 지금처럼 학원에 극성스럽게 다니지 않고 대충 전날 공부만 해도 시험이 잘 나오던 수준이었다. 그래서 나는 내가 지원했던 대전고등학교에 덜컥 떨어지고 나서 엄청난 충격을 받았다.

아찔했다. 또 이런 일이 일어나다니! 단 한 번도 내가 고등학교에 떨어질 거라 생각한 적이 없었다. 성적도 좋았던 내가 왜 떨어졌는지 지금도 도대체 모를 일이다. 요즈음은 성적 공개같이 행정정보를 요구할 수 있지만 그 당시에는 그런 제도가 없었으니 속만 탈 뿐이었다.

충격이 지나가자 금세 그 자리에 수치심이 몰려들었다. 충격이 어찌나 컸던지 어린 나이에 도청 앞 대로변에서 자살 생각을

했던 것 같다. 자존심도 상했지만 형제 중에서는 공부를 잘한
다고 말을 듣던 내게 기대를 하고 계셨던 부모님을 실망시켰다
는 자괴감에 마음이 너무 쓰라렸다.

재수 생활을 시작했다. 충남 예산군 예산읍 예당 농지개량조
합 관사에서 1년 정도 하릴없이 배회하다가 틈틈이 보던 교과
서만 다시 펼쳐서 보곤 했다. 죄송한 마음에 다른 문제집을 사
서 볼 엄두도 내지 못했다.

또래 동창생들이 고등학교 교복을 입고 학교를 다니는 모습
을 보는 게 어린 마음에도 참담했다. 그렇게 마음이 황폐하던
시절에 그나마 내가 많이 의지하던 존재가 있었다. 동갑내기였
던 그녀는 초등학교만 졸업하고 교회에서 교사로 활동하고 있
었다. 방황하던 나를 위로해주고 다독거려주던 그 친구는 비록
또래였지만 누나처럼 넉넉히 나를 챙겼다. 책도 많이 읽어 지
혜로웠던 그녀에게서 나는 그 시절 나를 짓누르던 좌절감과 열
패감을 많이 치유 받았다. 아마도 사춘기 시절 친밀하게 만난
첫 이성이었던 그녀는 내 첫사랑이었던 것 같다.

아버지께서는 서울에 있는 고등학교를 가라고 말씀하셨다.
이왕이면 좁은 대전보다는 사람으로 태어나서 서울에서 한번
공부해 봐야 하지 않느냐며 나를 설득하셨다. 우리 형제들은
아버지의 말씀에 무조건 순종하는 유순한 자식들이었다. 그래
도 우리 동네에서 서울물을 몇 년이나 드신 건 우리 아버지가

유일하셨기 때문이었다.

아무래도 서울 소재의 고등학교를 가려면 학원 같은 것을 다녀야 한다는 생각이 들어 그해 12월 서울 금호동에 계시는 고모 집에 2달여를 머물면서 학원에 다니기 시작했다.

당시 시골에서만 자랐던 나는 레벨 테스트를 해서 자신의 실력에 맞는 고등학교를 지원해서 들어간다는 개념 자체를 갖고 있지 않았다. 그럼에도 불구하고 교과서만 외우다시피 한 내가 보기에 학원에서 하는 문제풀이가 별로 어렵지 않았다. 대부분 다 풀 수 있었다. 처음에 충청도 시골에서 올라온 나를 무시하던 강사나 학원 동기생들도 다들 내 실력에 놀라기 시작했다.

그들은 '네 실력이면 경기고등학교는 커트라인에서 걸릴 것 같으나 경복고나 서울고에는 들어갈 수 있을 거야.'라고 말했다. 하지만 아버지는 사람이 기술을 가져야 한다고 말씀하시면서 상고나 공고를 가라고 하셨다. 둘 중에서 선택을 할 거라고 말했더니 학원 사람들 모두 다 아쉬워했다.

사실 당시의 나는 졸업해서 은행을 다니거나 기술자로 사는 삶이 좋다고 생각하시던 아버지의 말씀을 거역할 줄도 모르던 순종적인 아들이었다. 시험을 마친 후, 예감이 나쁘지 않았지만 솔직히 내가 수석입학을 하리라고는 기대하지 않았다. 1969년 3월 영등포구 대방동에 있던 서울공고에 전교 1등으로 입학했다.

아버지는 정말 많이 기뻐하셨다. 나 역시 그동안 나를 짓누르던 자괴감을 씻을 수 있어서 매우 기분이 좋았다. 알게 모르게 나 자신에 대해 자존감이 많이 낮아져있었던 시절이었다. 아버지는 서울공고에 그냥 입학도 아니고 수석으로 들어간 것을 온 동네, 직장에서 자랑하셨다.

재수를 하면서 나는 내 인생을 한 발 물러나서 바라볼 줄 알게 되었고 간절히 뭔가를 염원하고 그것을 이루기 위해 죽어라 노력하는 값진 경험을 가질 수 있었다.

매 시간 자신의 미래 운명이 창조되고 있다는 생각을 한다면 현재 자신이 어떤 길을 걸어가고 있고, 어떤 방식으로 일을 하는지를 한번 되짚어볼 필요가 있다.

힘든 재수 시절이었지만 오늘을 잘 꿰어야 구슬같이 영롱한 내일이라는 목걸이를 쥘 수 있다는 것을 배웠던 소중한 시간이었다.

아들딸들을 위한 아빠의 멘토링

Q: 재수생으로 살면서 저를 향해 '죄수생'으로 바라보는 시선에 많이 괴롭습니다. 부모님을 힘들게 했다는 죄책감에 많이 힘들고요. 이 재수생 시절을 어떻게 하면 성공적으로 탈출할 수 있을까요?

A: 재수는 혼자 하는 여행과 같습니다. 혼자이기에 외롭지만 그만큼 많은 것을 보고 배우고 느낄 수 있는 시간입니다. 많은 것을 배운 채, 잘만 돌아오면 됩니다.

재수 생활을 하면서 가족 또는 친구들의 응원이 있든 함께하든 결국 자기 자신이 챙겨야 합니다. 등 떠밀려 억지로 재수를 하거나 스스로 각오를 다져도 금방 식어버려 무의미한 시간을 보내기 십상입니다. 하지만 누군가는 동일한 상황에 놓여도 일분일초를 밥 먹는 시간과 자는 시간을 아껴서 공부에 몰두하여 자신의 밝은 미래를 꿈꾸고 있다는 것을 알아야 합니다.

'결과보다는 과정이 중요하다.'라는 말을 신뢰하지 않는 사람이 많습니다. 하지만 재수를 한 사실 자체가 또 하나의 결과가 되는 소중한 경험이라는 것을 알아야 합니다. 자신에 대한 확신과 진로에 대한 자율을 얻는다면 재수는 실패 경험이 아니라 성공을 위한 준비기간이 될 것입니다.

수석 입학생
불량 졸업생

"믿음이 부족하기 때문에 도전하길 두려워하는 바,
나는 스스로를 믿는다."
- 무하마드 알리 -

삼성의 창업주인 이병철 회장님은 간절히 꿈꾸고 뜨겁게 도전하는 한 걸음 한 걸음이 바로 인생이라고 말씀하셨다. 그래서 시련이 클수록 성공은 더욱 빛난다고 했다.

당신 자신이 와세다 대학을 다니기는 했지만 졸업장은 쥘 수 없었다. 그럼에도 불구하고 자신의 가능성을 한 치도 의심하지 않았다고 한다. 이병철 회장님은 '내가 나를 믿지 않으면 아무도 나를 믿어주지 않는다.'고 말씀하셨다. 나는 이 말씀에 전적으로 동의한다. 내가 현실에 안주하지 않은 채 도전을 할 수 있었기에 내 인생을 바꿀 수가 있었다고 믿다.

나는 서울공고를 수석으로 입학했지만 학교에 가자마자 내가 원한 학교가 아니라는 생각에 1학년 때부터 방황을 할 수밖에 없었다.

서울공고 1학년 때 김태정 담임선생님,
친구 이광익, 이은지, 이병철과 함께

그나마 다행인 것은 그즈음 수리조합의 정규직 계장이 된 아버지 덕분에 살림은 더 나빠지지는 않았기에 죄책감을 크게 갖지 않아도 되었다는 것이다. 당시 우리 집은 아버지가 서천농지개량조합으로 전근을 가서서 장항으로 이사를 했다. 내 위의 두 형은 아버지가 정규 직원이 아닌 시절에 고등학교를 다녔던 터라 애당초 대학진학은 생각치도 않았고 졸업하자마자 군대를 갔었다.

　집에 큰돈이 들어갈 데가 없었기에 그나마 아버지가 내 교육에 눈을 돌리셨던 것 같다. 어릴 때부터 영특하고 곰살맞았던 셋째 아들에게 관심을 두셨던 아버지 덕분에 나는 서울에서 자취하며 공부를 계속 할 수 있었다.

　고등학교 시절은 평범했다. 아니 마냥 평범하지는 못했다. 3년 내내 마음을 제대로 다잡지 못한 채로 학교를 다니고 있었다. 배움의 현장은 내가 생각했던 꿈과는 점점 멀어지는 듯해 보였다. 그래서 점점 더 적응하지를 못했다. 나는 기계과 반장으로서 백지동맹을 추진하고 무단결석을 하는 등 불량 학생이 돼갔다.

　게다가 공고를 나와서 갈 수 있는 산업 현장이 제한적이라는 것을 선배들을 통해 잘 알고 있었다. 단순히 기름밥을 먹고 작업복을 입으면서 일한다는 거부감 때문만은 아니었다. 하지만 뭔가 내 좌표가 어긋났다는 생각을 멈출 수가 없었기 때문에 학교

수업에 재미를 붙일 수가 없었다.

그때 나는 새로운 좌표 찾기에 몰두하고 있었다. 지금 보면 좀 엉뚱하고 생뚱맞지만 내 새로운 좌표는 바로 '정치가'가 되는 것이었다. 아마도 아버지의 영향 때문이었던 것 같다. 이미 나는 중학교 3학년 때 그린 하나의 빅 픽처가 있었다. 바로 대학교에 가서 정치외교학을 전공해 Y 씨가 있는 원내 총무실에 들어가서 비서를 하는 것이었다. 그렇게 비서관으로서 경력을 쌓은 후 부여나 대전에서 출마해서 국회의원이 된다는 것. 당시 내 꿈의 최종 종착지였다.

출마 시기도 아주 구체적으로 계획하기 시작했다. 1972년에 대학교에 들어가서 3년 정도 군대를 갔다 오고 졸업하고 비서관 생활을 좀 해서 36살 되는 시점에 국회의원이 되려면 13대 국회가 개회가 될 즈음이라고 계산까지 끝냈다. 지금 생각하면 웃음이 나오는 당돌한 꿈이었지만 그 당시는 꽤나 심각하고 진지하게 꾸던 꿈이었다.

지금은 친인척이 비서관이 되면 난리가 나는 시절이었지만 그 당시에는 그런 정치인들의 인맥을 통해 들어가서 비서관으로 흔히 채용되던 시절이었다.

일견 황당해 보여도 만약 3공화국 시절이 좀 더 길어졌으면 영 불가능한 꿈은 아닐지도 모를 일이라고 생각한다. 나름 백그라운드도 없었던 것이 아니니까. 아버지를 만나기 위해 K 전 총재가 친히 찾아왔던 적이 있을 정도니 나름 인맥은 충분하다 여겠다. 게다가 K 전 의원이 아버지의 사촌동생이니까 비빌 언덕이 충분히 있다고 생각했다.

비록 서울공고에 가기는 했지만 내 꿈은 대학교를 더 다니는 것이었다. 고려대학교에서 꼭 정치외교학을 전공해 정치인이 되고 싶었다. 친구들과 재미삼아, 추억삼아 돌린 롤링페이퍼에도 분명 나는 내 꿈으로 친구들에게 '3년 뒤에 고려대학교 정치외교학과를 다니는 나와 만나자!'고 적었던 기록물을 지금도 소중하게 간직하고 있다.

다른 꿈을 품고 있으니 기술 본위의 학업은 엉망진창으로 할 수밖에 없었다. 어영부영 시간이 흘러 졸업식이 다가왔다. 학교에서는 수석입학을 했던 내가 졸업생 대표로 영광스런 졸업장을 받기로 되었는데 졸업예행식날 두발 불량을 문제로 삼아 꾸짖는 선생님께 나의 교모를 증정하고 졸업식에 불참했다. 결국 서울공고 63회 수석입학생의 마지막 모습은 반항으로 끝이 났고, 졸업식장에선 여자 고교 동기생들이 가져온 꽃다발을 내 친구들이 대신 받는 황당한 일이 벌어졌다.

내가 꾸기 시작한 꿈을 위해서 나는 대학 진학을 결심할 수밖에 없었다. 다만 부모님을 설득시키는 관문이 남아 있었다. 하지만 계속 망설일 수만은 없었다. 당시 나와 되고 싶은 나의 차이는 꽤 컸다. 그러나 나는 그 차이를 뛰어넘을 자신이 있었다.

아들딸들을 위한 아빠의 멘토링

Q: 내 꿈이 정확히 무엇인지 잘 모르겠어요. 내가 원하는 것을 잘 몰라서인지 정하는 진로마다 계속 회의감과 불안감이 듭니다.

A: 가장 먼저 정말 하고 싶은 일이 무엇인지부터 찾아보는 시간을 갖기를 바랍니다. 자신이 원하는 것들의 장단점을 스스로 적어 보세요!

하고 싶은 게 무엇인지를 찾게 되면 대학에 진학할 것인지, 취업을 할 것인지의 결정은 전혀 어려운 고민이 아니게 됩니다. 직업특성에 따라 대학에서 공부하고 또 그 이상의 학위를 받는 것이 유리할 수도 있고, 고등학교 졸업 뒤 바로 취업전선에서 경력을 쌓는 게 유리할 수도 있습니다.

자신이 원하는 것들의 장단점을 스스로 적는 과정에서 자신을 객관적으로 바라볼 수 있고, 자신이 실제로 원하는 게 무엇인지, 어떤 방향이 맞는지를 의외로 쉽게 발견할 수 있습니다.

어떤 결정을 한다고 해도 선택하지 않은 다른 길에 대한 미련이나 아쉬움이 있기 마련입니다. 또한 스스로 선택한 결정이라 할지라도 얼마나 노력하느냐에 따라 후회스러운 결정이 될 수도 있고, 만족스런 결정이 될 수도 있습니다. 그리고 의도하지 않은 외적인 환경에 영향을 받을 수도 있습니다. 하지만 선택을 한 후 온 힘을 기울여 몰입과 집중을 다한다면 결코 후회하지 않을 것입니다.

대학 가도 돼요?
정치만 배우지 마!

"우리가 무슨 생각을 하느냐가
우리가 어떤 사람이 되는지를 결정합니다."
- 오프라 윈프리 -

　가난한 지방공무원인 아버지에게 어렵게 대학을 갈 결심을 털어놓았다. 솔직히 당시 집안은 나를 대학에 보내줄 만큼 경제적인 여유가 없었다. 내 밑으로 중·고등학교에 다니는 동생만 3명이나 있었다.

　아버지를 찾아뵙고 대학교에 가겠다고 말씀을 드렸다. 이미 전기 대학교는 원서 마감이 끝난 상태라 후기 대학 중 건국대학교에 가겠다고 말씀 드렸다. 아버지에게 '정치외교학'을 전공하겠다고 말씀드렸더니 물끄러미 한참 날 쳐다보시다가 고개를 저으시며 입을 여셨다.

　"혹시 대학 가려면 정치만 하지 않으면 된다."

아버지 역시 대학에 진학하겠다는 내 뜻을 존중해 주셨다. 당신의 기질을 물려받은 것인지 정치에 관심을 두는 아들을 어떤 눈으로 바라보셨을까 좀 궁금하다. 약간의 기대도 하지 않으셨을까? 하지만 그 기대는 평생 당신을 괴롭혀 온 쓰디쓴 회한에 금세 접으셨을 것이다.

심지어 아버지는 정외과를 '쓸데없는 학과'라며 극력 만류하셨다. 밥이라도 먹으려면 고등학교 때처럼 기술을 배우는 학과를 가라고 하셨다. 나는 한참 고민하다가 산업발전 시대에 한참 뜨고 있던 '무역'이라는 단어에 마음이 끌려서 무역학과를 선택했다.

1972년 건국대학교 무역학과에 입학했다. 대학 4년 내내 단칸방에서 힘들게 자취하면서 아르바이트로 학비를 충당하면서 어렵게 졸업했다.

결론적으로 내가 선택한 전공을 배운 것을 절대 후회하지 않는다. 나름 내 인생을 개척했기에 내가 삼성이라는 큰물에서 놀 수 있었고, 자식들한테 좋은 환경을 조성해 많은 경험을 줄 수 있었다는 것을 자랑스럽게 생각한다. 이때 내가 선택한 전공으로 40년 동안을 잘 먹고 잘 살았으면 나름 성공한 인생이 아닐까.

솔직히 어른들 말씀을 거슬러서 좋을 게 없다는 것은 아버지의 말씀을 평생 따라 본 내가 증명하는 셈이다. 아마도 정치를 한다고 관련 학과를 전공하고 그 판에 돌아다녔으면 세상의 격변에 휩쓸려서 폐인이 되었을지도 모른다.

사실 대학교에 다닐 때까지도 정치에 대한 꿈을 완전히 버리지 못한 것은 사실이었다. 대학 시절 K 원내총무의 비서관인 Y씨를 만나기 위해 태평로 세실극장 뒤편 지금 시청별관 자리에 있었던 원내 총무실을 찾아갔을 정도였다. 4학년 때 학생회장에 출마한 이력도 있었다. 비록 떨어졌지만 솔직히 내심 나중에 정치인이 되기 위한 필수경력의 하나쯤으로 생각했기에 도전한 부분이 없지 않았다.

하지만 역사가, 정치판도가 이렇게 경천동지할 정도로 바뀌게 될 줄 몰랐다. 1979년 12월 한국의 정치 풍토는 격동했다. 박정희 대통령 서거 후, 내가 알고 있던 유명한 정치인인 K 전 의원의 정치 인생도 수월치 않았다. 물론 K 의원이야 계속 정치 인생을 계속하여 영원한 2인자, 정치 9단이라는 평을 들으시며 정치인의 자리를 지켜나가기는 했지만 내가 정치인의 길로 걸어볼까 했던 꿈의 원천이었던 정치인들의 몰락과 바람 잘 날 없는 정치판을 보면서 나중에는 정치외교학과에 가지 않은 것도, 그 길을 꿈꾸지 않은 것도 다행스럽게 생각했다.

바쁘게 학과 공부를 하면서 가정형편 때문에 아르바이트도 해야 했고, 교직 이수를 위해 노력하는 등 눈코 뜰 새 없이 쫓아다니는 내게 '정치가'라는 꿈 자체가 점점 더 허상의 그림자처럼 느껴지기 시작했다.

요즘도 리더십이 강해 남을 이끄는 것을 좋아하는 나에게 정치를 권하는 분들이 없지 않다.

솔직히 우리나라에서 기업을 운영하던 사람들이 정치인의 꿈을 품는 경우는 적지 않다. 나 역시 주변에서 그런 소리를 한두 번 이상 들어본 것이 아니었다.

하지만 내홍을 입으면서까지 정치를 할 이유는 없다고 생각했다. 기업을 하는 사람들에 대해 우리 사회와 국민들이 가진 편견이 그가 정치인의 길을 걸어가려고 할 때에 더욱 엄격한 파편이 되어 그들을 내리꽂는 경우를 무수히 목격해왔다.

어려운 시절을 열심히 살았는데 기업으로 부를 이룩한 사람들을 양심불량이나 도둑으로 취급하는 분들이 많다. 상처뿐인 영광만 얻을 텐데 굳이 그 길을 갈 이유가 없다고 생각했다. 다른 쪽 삶에서도 가치 있는 일들을 충분히 영글 수 있으면 되는 것이다. 가장 순수한 시절부터 갈망했던 '정치가'의 꿈은 1974년 3월 ROTC 후보생(113 학군단)으로 새로운 생활을 하면서 기억 뒤편으로 서서히 사라졌다.

아들딸들을 위한 아빠의 멘토링

Q: 꿈이 우선일까요? 직업이 우선일까요?

A: 어떤 사람으로 살고 싶은지 자문할 필요가 있어요. '어떤'에 따라 꿈을 이룰 수도, 직업을 이룰 수도, 그 둘을 함께 이룰 수도 있기 때문입니다.

우리는 꿈이 무엇이냐고 물으면 보통 의사, 변호사, 건축가 등 명사화된 직업으로 대답하는 경향이 있습니다. 하지만 우리가 어렸을 때 직업이란 것을 알기 전에 꿈은 보통 동사였습니다. 그리는 것이 좋았고, 로봇을 만드는 게 좋았습니다.

'화가'니 '과학자'니 하는 명사형 말들은 아이들의 꿈을 어느 순간 세속적인 잣대로 통제하기 쉽습니다. 그리는 게 좋으니 화가가 되라고 하고, 로봇을 만드는 걸 좋아하니 과학자가 되라고 하는 말은 너무 무성의합니다.

직업은 꿈이 될 수 없습니다. 직업은 꿈은 실현하기 위한 도구에 불과합니다. 꿈을 실현하기 위한 직업은 여러 개일 수 있습니다. 사회는 우리에게 한 가지만 집중하라고 하고 한 가지에 집중해야만 성공할 수 있다고 합니다. 하지만 그것은 고정관념일 뿐입니다.

가장 좋은 것은 꿈과 직업이 일치하는 것이지만 불행히도 꿈과 직업이 괴리가 있다면 저는 꿈을 쫓아가기를 권하고 싶습니다. 그 꿈이 여러분을 '어떤' 이로 만들 거니까요.

ROTC에서
특전사 요원이 되다

"오늘이라는 테두리 안에서 삶을 습관화하라."

- 윌리엄 오슬러 -

나는 다른 학생들처럼 푸른 청춘 시절을 누릴 여유가 없었다. 늘 내 생활을 절제하고 통제하고 시간을 아껴야 했던 고학생이었기 때문이다.

1975년 5월 부여여고
2학년생들과(교생실습 시)

교생실습 때 담임을 맡은
1학년 1반 제자들

1975년 5월 ROTC 후보생 2년 차에 중등 2급 정교사를 따기 위해 교생 실습을 나갔다. 충남 부여군 부여읍에 있는 부여여고 1학년 1반 부담임이 되어 근무했던 한 달이 내게는 아주 신나고 즐거운 시간이었다. 내가 다른 이들을 가르치고 지도하는 면에 의외의 소질이 있다는 것을 발견한 소중한 때이기도 했다.

윤리, 사회 과목을 가르치면서 간만에 사람을 길러내는 직업이 생각보다 꽤 괜찮은 것이라는 생각도 했던 것 같다. 아마 내가 삼성에 입사하지 않았으면 여고에서 교편을 잡았을지 모를 일이다.

1976년에도 어김없이 나는 바빴다. 무역학과를 졸업한 후 중등 2급 정교사 자격증을 따고, ROTC 소위로 임관한 나는 육군 보병학교를 수료 후, 전방부대 소대장으로 갈 줄 알았는데 공수부대로 차출되었다. 이게 무슨 청천벽력인가. 동기 108명이 1976년 6월 25일 특전사령부 특전교육대에 입교했다. 공수부대에서 검은 베레모를 쓰기까지 혹독한 지상교육은 물론이고 4

1976년 보병학교
(3중대 5구대)
유격훈련 모습

번의 지상점프를 완벽하게 수행해야만 했다. 그 노력 끝에 특전
사 장교가 될 수 있었고 의외로 서울시에서 근무하며 새로운 꿈
을 펼칠 수 있는 기회를 갖게 되어 나는 행운이라고 긍정적으로
생각했다. 또한 남성다운 기질을 키워나가면서 강인한 의지의
소유자로 바뀌게 됨에 평생 고마움을 갖고 살아가고 있다.

　1977년 3월 ROTC 중위로 진급한 후 나는 특전교육대 특수전
교육을 담당하는 교관으로 뽑혔다. 그때 3공수 12대대장은 육사
18기인 K 중령님이었다. 프랑스 무관주재를 했고 정보사령관소
장을 역임하신 분인데 중위로 갓 진급한 나를 불러 윤 중위가 교
사 자격증을 갖고 있으니 교육대로 가서 후배를 가르치라고 지
시를 했다. 나는 환호했다. 내가 그렇게 고생을 했던 자격증이
이렇게 요긴하게 쓰인다는 사실이 그저 감사할 따름이었다. 물
론 이런 일로 상급자들한테 질투질시를 많이 받아 괴로운 부분
도 없지 않았다. 교관으로서 준비하는 중 시간적 여유가 생길 때
나의 꿈을 실현시키기 위해 대학원 시험을 준비하기 시작했다.

공수부대 장교가 본인의 부족함을 메우기 위해 대학원을 가겠다고 생각한 것도 지금 생각하면 특별하지만 꿈을 실현시키기 위한 기회가 나한테 주어졌다는 것에 항상 감사하게 생각하며 살아가는 이유고 꿈을 꾸면 길이 열리는 법인가 보다.

나는 교관으로 ROTC 15기 후배 135명에게 특수전 교육을 했다. 그 바쁜 와중에는 1977년 9월 고려대경영대학원 석사과

1978년 특전3여단 BBQ 앞(중위 시절)

3여단 12대대 중대원과 함께

정에 입학해 무역을 학부 때보다 깊이 배우기 시작했다. 가진 게 부족해서, 현실이 부족한 부분을 보충하고자 했던 나로서는 스펙을 보완하기 위한 방법으로 석사과정을 선택했다. 꿈만 가졌다고 되는 것이 아니라 시간이 될 때 기회가 왔을 때 행동으로 옮기는 것이 중요하다.

모든 것이 교직 과목을 이수해서 남들과 차별화가 되었기에 가능한 일이었다. 남을 가르치면서 나도 더 배워야겠다는 생각을 꾸준히 했기에 결심할 수 있었다. 그런 면에서 내게 여러 기회를 주셨던 김진호 중령님께 지금도 감사함을 느낀다.

나는 허투루 시간을 쓰지 않고 참 치열하게 살았다. "하루하루 전력을 다하지 않으면 결코 목표에 도달하지 못할 것이다." 는 괴테의 말처럼 내가 원하는 꿈을 이루기 위해 노력했다.

당시 내 꿈은 삼성 그룹에 입사하는 것이었다. 사는 게 어려울수록 자기 현실 수준보다 더 높은 꿈을 품을 필요가 있다. 엄청난 꿈을 가진 사람 앞에서는 세상도 그리 어렵지 않게 된다.

세상이 큰 벽처럼 느껴질 때가 있다. 그럴 때면 자신을 먼저 점검할 필요가 있다. 무엇이 되기 위한 것이 아니라 무언가를 이루기 위해 꿈꾸고 전력투구하고 있는지를 알아야 한다.

내가 생각하기에 뚜렷한 방향성을 정해놓지 않고 똑같은 일을 반복하는 것, 중요한 일을 뒤로한 채 사소한 일에 매달리는 것, 늘 바빠 보이지만 실속은 없는 것, 능력이 되면서도 도전하지 않는 것 모두가 최선을 다하지 않아 생기는 태도들이다.

실패하지 않기 위해서 역설적으로 실패도 성공도 아닌 그 중간 정도에서 아슬아슬하게 버티고 있는 사람들을 많이 볼 수 있다. 하지만 난 어정쩡한 것을 매우 싫어한다. '스펙'이 어정쩡하면 '태도'라도 확실해야 한다고 생각한다.

태어날 때 환경이나 재능을 선택할 수 없지만 생을 향한 '태도'는 우리가 충분히 통제할 수 있다. 평범한 사람도 하루하루 탁월한 태도를 선택하게 되면 탁월한 사람으로 성장할 수 있다. 하루하루 쌓여 생기는 힘을 다른 말로 '내공'이라고도 부른다.

공고와 이류대 출신이라는 점은 전혀 걸림돌이 될 수 없었다. 스펙보다 각 분야에서 내공을 쌓는 게 중요하다고 여겼다.

특히 그 내공을 나는 ROTC와 특전사 요원 생활을 하면서 배운 극기의 정신으로 많이 단련할 수 있었다. 안 된다고 생각하면 안 되고, 된다고 생각하면 된다는 것을 뼈저리게 느꼈다.

한계에 도전하는 '치열함'도 배웠다. 제대로 된 해법이 나올 때까지 끝까지 해냈고, 결국 마무리까지 나 자신이 해야 한다는 것을 배웠다.

특전사 특유의 DNA가 응축된 구호 '안 되면 되게 하라!'는 내 인생의 구호이다. 노력하는 것도 중요하지만 안 되면 될 때까지 노력하라는 그 강한 의지의 표현에 의해 내 인생은 한층 더 앞으로 나아갈 수 있었다. 군 생활을 통해 나는 대충주의와 패배주의와 단호히 결별하고, 결과물을 내는 습관을 체질화했다.

똑같은 위기에 어떤 기업은 망하고 어떤 기업은 흥하는 이유가 있다. 같은 실패에 누구는 다시 일어나고 누구는 영원히 주저앉는 이유도 따로 있다. 조직생활을 하다 보면 하려고 하면 방법이 보이고, 하지 않으려 하면 변명이 보이는 법이라는 말을 절실히 느낄 때가 많다.

큰 탈 없이 무난하게 살아온 똑똑해 보이는 사람들일수록 실패의 후유증을 더 두려워해서 안전하고 익숙한 선택만 하려는 경향이 강하다. 새롭게 변신하거나 고통을 감내해야 하는 일들은 꺼리고, 해오던 대로 현상유지만 하려는 것이다.

총대 메고 위기에 빠진 회사를 구하겠다는 리더나 조직원이 없다면 기업경영에 이만큼 아찔한 리스크가 또 어디 있겠는가? 아무도 책임지지 않는 조직은 망하는 것도 이때 배웠다.

1977년, 특전3여단 출신 ROTC 14기와 15기 모임

2년 4개월의 장교 생활 중 만 2년간의 특전사 생활을 통해 내 자신감은 담금질돼 더 단단해졌다. 지금도 그때의 멤버들을 자주 만난다. 나는 특전사 후배들과 만든 '대한민국 ROTC 77특전 동지회'라는 모임에 가장 많은 애정을 쏟고 있다. 그 시절 군에서 익힌 '패기'와 '헝그리 정신'은 나를 실전에 강한 사람으로 만들어주던 자양분이자 최고의 스펙이었다.

아들딸들을 위한 아빠의 멘토링

Q: 좋은 직장을 갖기 위해서는 어떻게 준비해야 할까요?

A: 자기 자신을 잘 진단하여 아는 것이 제일 중요합니다.

자신이 지향하는 인생의 가치를 도출하고 그 가치들에 기초해 자신이 진정으로 원하는 직업 진로목표를 설정할 수 있어야 합니다. 직업진로목표를 달성하기 위해 요구되는 구체적이고 체계적인 실행전략을 장·단기적인 시각에서 수립할 수 있어야 합니다.

대학생이 졸업을 하고 취업하는 과정은 따뜻한 온실인 대학의 울타리를 벗어나 자신의 모든 언행과 결정에 책임을 지고 한 치 앞도 확신하기 어려운 험한 미지의 세계를 헤쳐 나가는 것과 같습니다. 취업은 조직에 입문하여 단순히 경제적인 측면만을 해결하는 것이 아니라 자신의 가치관과 원대한 포부를 성취하기 위한 인큐베이터를 선택하는 일입니다. 그리고 이 조직에서 자신이 성장할 수 있는지를 살펴봐야 합니다. 무엇보다 스스로의 성장이 조직의 성장과 동반할 수 있는지를 아는 것도 중요합니다.

한 방을 쏘기 위한
실탄들

"나는 우연히 성공한 것이 아니라
꾸준한 노력으로 성공한 것이다."
- 어니스트 헤밍웨이 -

    나는 좋아하고 목표하는 것을 향해서는 전력질주를 하는 유형
이다. 손에 꽉 잡힐 때까지 계속 집요하게 한다. 가다가 쉬었다
가더라도 멈추지 않고 달성하기 위해 노력하면서 산다. 그렇게
사는 것에 틀이 잡혀 있다. 나와 같이 삼성에서 일했던 사람들
은 다들 내게 복이 많다고 표현한다. 왜냐하면 포기하지 않기에
항상 뭔가를 성취를 하는 모습을 많이 보았기 때문이다.

    내 인생 전반을 표현하는 대표 키워드를 꼽는다면 '준비'와
'집중'과 '선택'이라 할 수 있다.

    인생은 선택의 연속이다.

"순간의 선택이 10년을 좌우한다."는 1980년대 삼성 TV 광고 문구처럼 인생에서 직면하는 매 순간의 선택은 정말로 중요하다.

물론 내가 행한 모든 선택이 다 성공했던 것은 아니다. 이런저런 실패 경험도 적지 않다. 긴 인생에서 보면 별 게 아닐 수도 있지만 입시 실패를 했을 때는 죽을 결심까지 했던 흑역사도 있다. 하지만 부지런히 성공사례를 만들기 위해 노력하다 보면 반드시 선물을 받는다는 것을 알게 되었다.

사회에서 번듯하게 성공한 사람들을 보면 분명 모두 성공할 수밖에 없는 이유가 있다. 그들은 제대로 선택을 했거나, 그 선택에 집중했다. 그리고 늘 그들은 자신이 행한 선택이 성공하기를 갈망하면서 노력했다.

삼성에 입사하는 데에 있어서도 내 삶을 지배하는 '두 번째'라는 징크스가 작용했다. 솔직히 삼성에 입사하는 것은 내 꿈이었다. 그런데 삼성에 입사하기 전 나는 현대그룹에 먼저 지원한 사실이 있다. 아주 의도적으로, 전략적으로.

남들은 웃을지도 모르지만 나 나름대로 징크스로 여기는 것이 있었다. 바로 첫 번째는 안 되고 두 번째에 된다는 생각이었다. 중학교 때 1차에 떨어지고 2차에 붙었던 것, 고등학교를 재수하고 서울공고에 간 것, 대학교를 전기를 건너뛰고 후기로 들어간 것.

그래서 삼성에 입사하고자 현대그룹에도 함께 지원한 것이었다. 서울에서 근무한 특전사 장교니까 원서 접수를 하러 왔다 갔다 운신하기가 좋은 편이었다. 삼성에도 현대에도 지원서를 낼 수 있었던 건 다행스러운 일이었다. 물론 현대그룹 역시 내가 선망하는 기업 중 하나였지만 내게는 항상 삼성보다는 2순위였다. 그리고 내 예상과 나만의 운은 어김없이 다시 적중했다.

지원했던 현대그룹에 떨어지자 나도 모르게 안도했다. 그나마 현대그룹이 공채 합격공지를 먼저 해서 아주 다행이라는 생각까지 했다. 말도 안 되겠지만 어느 개인에게는 아주 회피하고 싶은 징크스일 수도 있다.

1977년 고대 경영대학원 재학 시절

모든 것의 시작은 생각이다. 생각하는 법이 남다르면 행동까지 남달라진다. 남다른 생각이 없으면 남다른 성과를 낼 수 없다. 내가 원하는 나만의 경쟁력을 얻기 위해 무엇이든 묻고 끊임없이 답해야만이 시야가 넓어지고 성장을 거듭할 수 있다.

'인생 한 방'이라는 말은 믿지 않지만 제대로 준비된 실탄들이 있으면 한 방을 멋지게 터뜨릴 수 있다는 것만은 동의한다. 내 인생의 한 방을 터뜨린 실탄들이 뭐냐고 묻는다면 남들이 생각하기에는 별스럽지 않은 습관들을 들 수밖에 없다. 하지만 나에게는 지극히 강력하고 유효한 습관들이었고, 그것들이 나의 지금과 미래를 결정지었다고 생각한다.

'좋아하는 일은 지속적으로 하는 것'

내가 좋아하는 일은 도전이었다. 현실보다 더 높은 꿈에 도전하는 것.

'문제를 쌓아두지 않고 그때그때 해결하는 것'

내가 불안해하는 부분이 있으면 해결하기 위해 노력했다. 대기업 삼성에 들어가기에는 내가 스펙이 많이 부족하다고 느꼈고, 그 부족함을 채우기 위해 고려대학교 경영대학원 석사과정에 지원하여 운 좋게 입학하게 되었다.

입학 이후 내가 건국대 무역과에서 배웠던, 무역계의 대부로 불리시던 K 교수님을 고려대 대학원에서 다시 봬서 정말 반가웠다. 검은 베레모에 군복을 입은 채 일주일에 서너 번 힘들게 등교해야 했지만 그때만큼 맹렬하고 치열하게 산 적이 없었다.

'지금이라도 할 수 있다면 바로 하는 것'

그것은 삼성에 입사원서를 넣는 것이었다.

성공 확률이 높은 만만한 일에도 최선의 노력을 기울였고, 현재 내 앞에 주어진 일 또는 내가 하고 싶은 일에 집중해서 하나씩 실천했다. 그리고 1978년 5월 1차 서류전형에 합격했다는 통지서가 날아들었다. 그 가슴 벅찬 순간을 잊을 수 없다. 내 행운의 수험번호도 아직 기억난다. C-2003. 삼성 입사는 내가 준비한 실탄으로 쏜 내 인생의 첫 멋진 한 방이었다.

아들딸들을 위한 아빠의 멘토링

Q: 직장 상사가 곧 회사라고 할 만큼 많은 시간을 같이 보내는 상사와 트러블로 고생하고 있습니다. 어떻게 해야 잘 풀어나갈 수 있을까요?

A: 껄끄럽고 가끔은 존재 자체만으로 스트레스를 주는 직장 상사를 피할 수 있다면 얼마나 좋을까요? 하지만 안타깝게도 학창 시절의 친구와는 달리, 직장 생활에서 직장 상사는 결코 선택할 수 없습니다.

인격을 모욕하거나 부하의 성과를 가로채는 상사처럼 분명 문제가 많은 직장 상사들도 엄연히 존재합니다. 만약 그런 직장 상사를 매일 봐야 한다면, 또 그런 상사 밑에서 성장해야 하는 상황이라면 심각하게 조직을 떠나야 할지를 심각하게 고민할 것입니다.

그런데 직장 상사와 문제가 있는 대부분은 이런 도덕적인 문제가 아닌 경우가 많습니다.

사람은 누구나 자율성을 가지고 싶어 합니다. 그런데 직장에서는 상사들이 고유의 그 자율성을 침해하는 존재들이기 십상입니다.

하지만 직장 상사의 입장을 이해해 보기 위해 노력을 하신 적은 있나요? 어쩌면 그들은 일을 제대로 하면 인정해주고 격려해주는 마음씨 좋은 상사가 되기도 하지만, 불성실하고 무성의한 후배들은 무섭게 다그치는 나쁜 상사의 역할을 동시에 할 수 밖에 없는 존재일지도 모릅니다. 후배들에게 일하는 방식에 대해 가이드를 줘야 하고, 일정을 재촉해야 하고, 일을 더 하게 만들어야 하고, 책임을 묻는 것이 상사로서도 힘들 수 있습니다.

세상의 모든 직장인 후배들에게 '더 멀리 바라보길' 권합니다. 직장 상사는 언젠가 트랙을 떠나겠지만 여러분은 직장 상사보다 더 오래 달려야 합니다. 트랙에 오래 있다 보면 여러분도 언젠가는 직장 상사가 되고 누군가의 뒷담화 대상이 될 수도 있습니다.

하나 꿈꾸어라, 마치 처음처럼

인생을 바꾼 면접
– '낙하산 타봤어요?'

"나는 희망을 밤이나 낮이나 품어둔다.
그러기에 그 희망은 현실로 이어지는 것이다."
- 스티븐 스필버그 -

　취업 준비를 하면서 삼성이라는 기업에 한사코 들어가기를 원하는 이유를 묻는 질문들을 많이 들었었다. 충청도 면단위 소재지에서 전쟁통에 태어난 흙수저가 인생의 굴곡을 넘어 우뚝 서려면 최고의 조직에서 일류가 되어야 한다는 꿈이 있었고 그 꿈은 고등학교 시절부터 가득 차 있었다.

　"최고니까!" 늘 나의 대답은 간략하고 확실했다. 삼성이 가진 네임 밸류는 어마어마하다. 이는 누구도 부정할 수 없는 사실일 것이다.

　삼성은 동종 업체보다 10% 이상 임금을 더 받으며 자녀 학자금 등 각종 후생복지에서도 최고다. 국내 최고의 기업에 입사

1979년 삼성의 심볼 금빛 배지를 달고

했다는 자부심을 삼성직원이라면 모두 느낀다. 기업 이름만 듣고도 주위에서는 신뢰와 호감을 보여준다. 삼성이라는 이름의 후광효과는 엄청나다.

지금도 이럴진대 과거 산업발전기의 삼성의 위상은 더했다. 누구나 뿌듯해하던 국민기업으로, 삼성 직원은 엘리트 중의 엘리트로 인정받았다.

제대하기 전이지만 면접 일정을 통보받고 떨리는 마음으로 기다렸다. 6월 30일에 제대를 하고 7월 6일 태평로 삼성 동방 빌딩 19층에 갔다.

당시 삼성에 ROTC 특전사 동기 K 등 3명과 같이 서류 합격이 돼서 면접을 같이 보러 갔다. 솔직히 나는 그 동기들에 비하면 스펙이 한참 모자라는 사람이었다. 그 친구들은 모두 서울대 출신이었고 나는 그들에 비하면 학력에서 이미 한 수 밀렸던 셈인지라 걱정이 들었다.

솔직히 꿈에 그리던 기업에 1차 합격을 하고 면접을 볼 수 있다는 것만으로도 만족해야 한다고 여기면서도 새삼 욕심이 났다. 사실 세속적인 잣대에서는 내가 밀릴 수 있어도 면접만은 나름 자신이 있었다. 허투루 살지 않고 치열하게 살아냈던 내 인생에 대한 자부심이 그런 근거 없는 자신감을 만들어냈는지도 몰랐다.

사실 삼성에 입사하기 위해 나름 여러 가지를 안배해 살았다. 군 생활을 하면서 남들보다 못한 학력에 대한 콤플렉스를 해소하기 위해 그리고 원래 가고 싶어 했던 고려대 경영대학원에 적을 두면서 나를 업그레이드하기 위해 노력했던 것이다.

나의 장점이자 경쟁력은 "주어진 하나만 하지 않는다."는 것이다. 내가 뭔가를 하고 있으면 그것과 연계된 어떤 것들을 안배를 하고 준비하고 움직였다.

사실 공수부대 출신의 내 삼성 동기들은 항상 나를 좋아하면서도 한편으로는 나를 신기해한다. 자신들이 가지지 못한 것들이 내게 있다고 말하기도 했다.

"군대에서 어떻게 대학원을 다니냐? 말도 안 돼. 정해진 군대 장교 생활은 근무 열심히 하면서 적당히 즐기며 건강하게 제대하면 되는 곳 아니냐?"

그런 우스갯소리를 해대던 그들은 아마도 나의 보이지 않는 고민을 잘 모를 것이다. 서울대를 나온 동기들은 어디든 갈 수 있다는 자신감이 팽배해 있었다. 그에 반해 나는 늘 노력해야 그들과 원점에 같이 설 수 있다고 생각했다. 그렇기에 난 항상 미리미리 준비를 해야만 했다. 자신이 부족하다고 느꼈고, 그 상대적인 결핍을 채우기 위해 다른 것을 준비했기에 지금의 내가 있을 수 있다고 생각한다. 이런 유비무환의 준비성들이 내 평생의 기회와 운들을 좌우했다.

면접장에 들어서니까 여러 면접관들을 좌우로 둔 이병철 회장님이 가운데 자리에 앉아 계셨다. 턱! 하고 숨이 막혀왔다. 면접생들에게 자기소개를 하라는 말이 떨어지자마자 돌아가면서 자기소개들을 화려하게 펼치기 시작했다.

사실 그들에 비해 나는 열심히 살았다고 할 뿐 특별할 것이 별로 없었다. 그중에 가장 특이한 경력이라고 할 수 있는 특전사 경험은 민간 기업의 오너와 회사 임원들이 우호적으로 볼 거라 생각하지 않았다. 사실 공수부대 동기와 같이 네 명이 면접을 보러 들어가기 전에 전방에서 뭘 했고, 공수부대는 어떻다는 등의 군대 이야기를 좋아하는 사회인들은 별로 많지 않으니까 면접에 유리하게 응하기 위해서 서로 군대 얘기는 하지 말자고까지 말했다.

하지만 내 차례가 다가오자 긴장감을 느꼈고 솔직히 나는 나를 성장시켜주었던 특전사 경험을 솔직하게 말할까, 말까 고민하기 시작했다. 많이 갈등하다가 차라리 이 고민을 차라리 속 편히 털어놓자고 결심했다. 만약 떨어지더라도 어쩔 수 없다고 생각했다.

"저는 공수부대 출신입니다. 특전사에서 후배들을 가르치는 교관생활을 하고 전역한 지 얼마 되지 않습니다."

의자 등받이에 느긋하게 기대고 앉아있던 이병철 회장님의 몸이 앞으로 팽팽히 당겨졌다. 그분의 눈에 호기심이 어리는 것을 보고 나는 왠지 나쁘지 않다고 직감했다.

"ROTC가 어떻게 공수부대에 갔지? 공수부대면 낙하산도 탔겠네?"

훈련 경험과 교관 경험을 말했다. 아마도 내 눈에서 성실성과 책임감을 엿보셨는지도 모른다. 사실 그렇게 성실하게 책임감 있게 살아왔다. 삶에서 형성된 태도는 그대로 드러난다는 것이 CEO로서 많은 면접에 참가한 내가 알게 된 경험이다. 나도 면접을 할 때 눈빛을 딱 5분만 봐도 그 사람에 대해 100%는 몰라도 거의 핵심 엑기스는 추출할 수 있다. 이병철 회장님이 그렇게 신뢰감을 주는 얼굴에 호감을 느끼는 CEO이었다는 것이 내게는 행운이었던 셈이다.

사실 키도 크고 덩치도 우람한 공수부대들도 많은데 아담한 키에 우락부락한 외모가 아니라 오밀조밀한 외모를 가진 내가 공수부대원이라는 부조화스러운 사실이 눈길을 끈 것인지도 몰랐다.

"공수부대에서 뭐했나?"

"후배들에게 특수전을 가르치는 교관을 했습니다."

"후배를 가르쳐?"

"정교사 자격증을 갖고 있는 저에게 교관 기회를 주셨습니다. ROTC 1년 후배인 135명을 교육하는 일을 했습니다. 공수 교육을 받으면서 후배들을 가르치면서 했던 고생 덕분에 스스로 많이 강해질 수 있어서 뿌듯했습니다."

"그래?"

유심히 내 얼굴을 쳐다보던 이 회장님과 면접관들의 얼굴이 조금 후 내 옆자리의 면접생에게 향하자 그제야 겨우 제대로 된 숨을 쉴 수 있었다.

면접 1978년 7월 13일 공채 19기 3차 최종합격 통지서를 받았다. 그때의 떨리는 감격은 이루 표현하기 힘들 정도로 나는 그때 세상을 다 얻은 것만 같았다. 지금도 종종 나는 '낙하산으로 삼성에 들어갔다.'는 농담한다. 사람들은 그 농담을 진담으로 알아듣고 내 출신 배경에 관심을 보이는데, 내가 진짜 낙하산 에피소드로 면접에 응한 일화를 들으면 모두 껄껄대곤 한다.

아들딸들을 위한 아빠의 멘토링

Q: 기업이 조직원에게 요구하는 품성, 인성은 어떤 것일까요?

A: 개인적인 영역에서 형성될 수 있는 품성도 보지만 사회적인 영역에서 제 몫을 해낼 수 있는 품성도 중요하게 바라보고 있습니다.

도전정신과 성취의식을 가장 많이 보는 경향이 있습니다. 하지만 이런 것만이 다가 아니라 도덕성과 올바른 가치관을 갖고 있는 인재인지도 살펴봅니다. 많은 이들이 모여 공통된 목표를 향해 일을 하는 조직의 특성상 협동성과 조직적응력도 중요합니다.

창의성, 전문지식, 외국어와 국제 감각, 책임감도 중요합니다. 요새 대부 기업들은 공통적으로 글로벌 시대에 도전성, 창의성, 전문성을 가지고 조직 내에서 조화롭게 일할 인재를 찾는 데 사활을 걸고 있습니다. 즉 개인적인 영역에서의 성취도도 높지만 공적인 영역에서 최상의 파트너십을 발휘할 수 있는 융합형 인재를 원합니다.

도전하라, 마치 전사처럼

구매인의 자격

1978년 8월 4일 한 달 동안의 신입사원 입문교육을 마치고 9월 삼성전관 업무과에 배치되었다. 무역을 전공했기에 외자 구매 업무를 맡았다. 태평로에 있는 삼성본관 14층이었다. 관세청, 상공부, 경제기획원과 설비수입의 승인, 감면 업무와 긴밀하게 연결돼 있는 대외 관련 인허가 업무와 외자 도입 통관 업무가 내 담당이었다. 나는 신입사원 때도 일을 맡기면 헤매지 않고 곧잘 해내어 빨리 인정을 받았다.

"역시 특전사 장교 출신답게 확실하고 빨라."

처음에 생각한 것과는 다르게 조직생활에서 누리는 특전사 ROTC 장교 출신의 프리미엄은 컸다.

1978년 신입사원 단체사진

　회사 경영의 합리화를 위해 생산에 필요한 모든 제품의 비용 절감과 적시 구입은 회사를 성장시키는 제일의 조건이다.

　구매 비용보다 이익을 크게 하는 것이 구매 관리다. 생산 활동이나 영업 활동을 원활하게 할 수 있도록 필요한 물품이나 서비스를 적시에 공급하는 것이 구매 관리인데 최근에 들어 구매 관리가 관심을 받고 있는 이유는 기업을 둘러싼 환경이 혹독해짐에 따라 기업 이익 확보를 위해 제조 원가를 내리는 것이 과거 어느 때보다도 절실히 요구되고 있기 때문이다. 많은 기업들이 '구매'를 원가절감 활동의 핵심으로 여기고 있다.

　사람들에게 나를 유능한 구매담당자로 인식시킨 몇 가지 노하우가 있다.

구매 담당자는 적극적으로 타 부서와 잘 소통해야 한다. 고객을 이해하고, 시장을 이해하고, 전사적인 전략을 이해해야 한다. 다른 부서의 언어를 이해할 수 있어야 한다. 개인적인 원가 절감만 잘하는 것이 아니라 기업의 자금 흐름에 어떤 영향을 주는지 이해해야 한다.

솔직히 구매 담당을 하면서 유혹은 정말 많았다. 견물생심이라고 돈을 만지는 부서의 말단은 조심스러울 수밖에 없었다. 하지만 그럴 때마다 나는 내 초심을 떠올렸고, 이병철 회장님을 생각했다.

이병철 회장님의 인재사랑, 인재경영은 워낙 유명하다. 그분에게는 사람 하나가 전부다. 인재를 쓸 때 괜찮은 인재를 쓰고, 뽑고 나면 절대 의심하지 않고 맡기는 스타일이다. 인재를 중히 여기는 수장이 있는 기업 조직은 상승효과가 일어나지 않을 수 없다.

1980년 삼성 업무부 체육대회

이병철 회장님은 부정부패에 매우 엄격한 리더였다. 구매 파트의 조직원들에 대한 교육을 철저히 시켰다. 절대 양심불량이거나 부정의 소지가 조금이라도 있는 사람에게는 구매를 맡겨서는 안 된다는 것이 이병철 회장님의 신조였다.

구매를 아주 중요하게 여기시는 분이었다. 구매가 썩으면 개인도, 회사도 다 망가진다는 신조를 갖고 계셨다. 리베이트 때문에 거래 선에 애를 먹이고, 검은 돈 받기를 부끄럽게 여기지 않는 기업은 금세 몰락하게 된다고 여기셨다.

오랜 시간을 구매를 담당하면서도 내가 검은 유혹에 물들지 않을 수 있었던 것은 나를 뽑아준 이병철 회장님에 대한 고마움 때문이었다. 이병철 회장님이 나를 삼성맨으로 합격시켜 구매 담당으로 발령낸 이유가 나를 유혹에 쉽게 흔들리지 않는 굳은 심지의 소유자로 보았기 때문이라고 자부했다.

이병철 회장님이 뽑은 특별한 사람이라는 자아상이 견고해지면서 어떤 유혹에도 흔들리지 않는 일등 삼성맨으로서의 임지가 구축되고 있었다.

사람은 자리가 만드는 것이고, 자신을 믿어주는 사람의 영향을 받으며 성장하는 것 같다. 그토록 오매불망 들어오고 싶었던 회사였는데 떳떳치 못한 일로 불명예스럽게 삼성을 그만두는 것은 내게는 있을 수 없는 일이었다.

32세에 구매 과장이 된 내게 돈을 들고 와서 부정한 방법으로 특혜를 요구하는 사람들이 없었던 건 아니었다. 하지만 나는 내 꿈을 펼칠 수 있는 곳이 삼성밖에 없는데 그런 탐심과 물욕에 지면 삼성에서 임원까지 오르고자 하는 내 꿈도 지키지 못하는 바보가 되는 것이라고 생각했다.

일의 중요성과 크기는 남이 부여하는 게 아니라 그 일을 맡은 자기 자신이 결정하는 것이다. 굉장한 일이라고 생각하고 그 일을 수행하면 처음에는 작은 일이었다 해도 나중에는 큰 일로 성장하게 된다. 『중용』에 이런 말이 있다.

"君子 素其位而行 不願乎其外(군자는 자신의 처지와 본분에 맞게 행동할 뿐 그 밖의 것은 바라지 않는다)"

돈을 쫓는다고 돈이 생기는 것이 아니라 자신의 위치에서 최선을 다했을 때 돈이 저절로 굴러오는 법이다. 그 동서고금을 막론한 만고의 진리를 나는 믿어 왔고, 지금도 여전히 믿고 있다.

아들딸들을 위한 아빠의 멘토링

Q: 그저 그런 월급쟁이에 머물고 싶지는 않아요. 샐리러맨으로서 CEO가 되는 꿈은 한 번쯤 꿔볼만하잖아요?

A: CEO나 조직의 리더가 되기 위해서는 **많은 경험이 필요합니다. 사장은 태어나는 게 아니라 만들어지는 것입니다. 사장의 관점에서 생각하는 습관을 익힐 필요가 있습니다.**

우리는 가끔 "저 친구 보스 기질이 있다"는 말을 할 때가 있습니다. 하지만 '기질'이 있다고 모두 탁월한 보스가 되는 것은 아닙니다. 위대한 보스가 되려면 수많은 경험을 쌓아야 합니다. 실제 보스 경험을 해봐야지만 보스로 성장할 수 있습니다. 보스의 자질은 조직의 책임자를 거치면서 개발되는 경향이 높습니다.

많은 직장인들이 유능한 경영자가 되는 꿈을 꿉니다. 승진해서 또는 창업해서 사장을 하겠다는 꿈을 키워 갑니다. 이들은 당장이라도 자신에게 임원은 물론 사장을 맡겨줘도 잘해 낼 수 있을 것이라고 생각합니다. 과연 그럴까요? 그렇지 않습니다.

조직의 리더는 경험한 사람이 잘합니다. 어떤 조직에도 조직운영 경험이 있는 사람이 그렇지 않은 사람보다 조직을 훨씬 잘 이끕니다.

기본적으로 리더십의 절반은 경험이 좌우합니다. 조직 운영 경험이 부족한 사람은 기업을 이끌기가 쉽지 않습니다. 조직에 부여된 목표를 인식하고 그 목표를 달성하기 위한 방안을 찾고 조직원들을 움직여 그것을 실현하는 리더의 경험을 많이 해볼 것을 권유합니다.

삼성맨은
어떻게 단련되는가

"변하지 않으면 살 수 없고,
살아남은 자만이 미래를 논할 수 있다.
바람이 강하게 불수록 연은 더 높게 뜰 수 있다."

- 이건희 -

삼성은 사람, 조직, 조직력이 우수한 기업이다. 평범한 사람을 뽑아 우수한 사람으로 만드는 놀라운 인재 양성 스킬을 구사하는 기업이 삼성이다.

지금은 외국어를 잘하지 못하더라도 자질과 열정을 갖추고 있어 충분히 미래의 인재로 자라나기에 무방한 인재라고 엿보이는 직원에게는 전사적으로 교육을 시키는 회사가 삼성이다. 삼성의 미래의 재목으로 키우려고 작정하면 모든 것을 아낌없이 쏟아 붓는다.

삼성만큼 미래를 보는 통찰력과 빅 픽처를 그릴 수 있는 역량, 종교집단이라고 불릴 만큼 오너의 카리스마나 추진력을 가진 기업은 아마도 한국에는 없다고 생각한다.

삼성은 인재 채용에 오너가 직접 나선다. 인재가 없다고 탓하지 않고, 키워서라도 만든다.

삼성은 인재를 만들고, 인재가 다시 삼성을 만들어 내는 선순환 시스템을 갖고 있다. 사실 삼성에서는 스카이 대학이라는 소위 명문대 말고도 2군 대학이나 지방대학교 출신들이 의외로 많다. 명문대 출신이라고 항상 좋은 성과를 창출하지는 않는다는 것을 회사는 잘 알고 있다.

파격적인 외부 수혈을 통해 영입된 S급 인재와 평범한 모범생 출신의 H급 신입사원이 자연스레 한 팀으로 녹아들어 시너지 효과를 발산하는 삼성만의 독특한 시스템도 갖고 있다.

삼성이 인재공장, 인재사관학교라는 말을 듣는 이유가 여기에 있다. 삼성은 우수한 임원 한 명을 만들어 내는 데 엄청난 재정을 투자하며 공을 들이는 기업이다.

이병철 회장님은 사람이 사업의 성패를 결정한다고 보았다. 그래서 사람 뽑는 일에 사활을 걸었다. "疑人不用, 用人不疑(의심나는 사람은 쓰지 말고 쓰는 사람은 의심하지 말라!)"

특히 윗사람은 아랫사람의 힘을 잘 빌릴 줄 알아야 한다고 생각해 적재적소 배치를 일관성 있게 추진했다. 관리, 재무, 기획이 뛰어난 나의 입사동기이자 가깝게 지내는 P 부회장과 나의 성공원천은 적재적소 배치의 결과라고 생각한다.

이건희 회장은 항상 문제의식을 갖고 끊임없이 새로운 아이디어를 창출해내는 사람, 적극적이고 실천력이 강한 사람, 책임감과 동료의식이 강한 사람을 인재로 생각하는 이병철 회장님으로부터 혹독한 경영수업을 받았지만 경영스타일에서는 많이 달랐다.

1993년 新경영을 선언했던 이건희 회장님이 목말라했던 인재는 수만, 수십만 명을 먹여 살리는 천재급 인재였다. 물론 이건희 회장님이 말하는 천재는 공부만 잘하고, 100점만 맞는 사람이 아니다. 각자 끼가 하나씩은 있고 놀기 잘하고 공부도 효율적으로 하고 창의력이 뛰어난 빌 게이츠 회장 같은 사람을 가리킨다. 인재경영과 일등주의를 결합한 천재경영을 천명한 것이다. 그래서 삼성의 순혈주의를 깨고 외부 인재를 적극적으로 스카우트했다.

삼성은 종교집단이라는 비아냥거림을 들을 만큼 CEO와 구성원이 회사의 가치전략을 철저히 공유하고 충실하게 몰입한다. 삼성은 신입사원 교육에 많은 신경을 쓴다. 삼성의 연수원에서 신입사원 연수가 끝나면 사람이 달라진다는 이야기가 있다.

삼성 신입사원은 삼성 헌법을 가장 먼저 배운다. 삼성 헌법에 나타나있는 삼성맨의 가장 큰 덕목은 인간미, 도덕성 회복과 예의범절, 에티켓을 준수하는 것이다. 인간미를 간직하고 도덕성을 지키면서 올바르게 가야만 한다. 절대로 여기서 벗어나지 말아야 한다. 이것은 반드시 지켜야 하는 약속이자 삼성의 가치이다.

과장, 차장, 부장, 임원 등 간부 직원들에게도 다양한 교육제도가 마련돼 있다. 임원으로 발탁할 사람은 부장급에서 선발해 특수교육을 시킨다. 변화와 혁신, 재무회계, 마케팅, 리더십, 위기관리 능력 배양 등의 특수교육 등을 통해 경영진으로 양성시킨다. 이 교육을 받는다는 자체가 영광이라고 할 수 있기 때문에 교육 대상자가 되는 조건은 매우 까다로웠다.

삼성이 일을 잘하는 이유는 일을 잘하는 1등 직원들이 있어서가 아니라 1등 업무 방식과 시스템이 있기 때문이라는 말이 있다.

삼성은 업무가 체계적이고 효율성 있게 분업화돼 있다. 조직원이 사라져도, 오너의 자리가 비어도 조직 누수나 업무 공백이 생기지 않도록 탄탄한 '시스템 경영'에 의해 움직인다. 오너가 중대한 결정을 하고 미래 비전을 제시하면 각 계열사가 전달받아 계열사 업무를 조정하고, 그리고 나서 각 계열사의 전문 경영인이 자율 경영에 입각해 현장에서 경영을 진두지휘하는 시스템 경영을 해오고 있다. 자리에 따라 책임과 권한이 명확한 시스템 경영 때문에 해야 할 일이 분명하고, 사람이 바뀌어도 업무 공백을 최소화할 수 있다.

삼성의 인재 중심주의는 오너의 세대교체에 따라 그 이념이 달라지는 모양이다. 이재용 부회장은 한두 명의 천재보다 수천명 직원들을 모두 껴안는 인재주의를 펼치고 있다. 천재의 탁월한 지성으로 한 우물만 파야 성공하던 이건희 회장님의 시대와는 달리 세계화의 심화로 평범한 사람들의 집단 지성이 보다 중요시되는 시대가 도래했기 때문인지도 모른다.

삼성이 조직원들에게 요구하는 덕목은 '성실', '협업', '공유'다. 그래서 삼성은 조직원끼리 업무와 아이디어를 성실하게 공유함을 제도화하고 있다. 이러한 공유가 개인의 아이디어를 발전시킬 수 있고 누군가 빠져나가도 업무공백을 막을 수 있는 안전망이 될 수 있기 때문이다. CEO를 비롯한 모든 간부 직원들이 전략이나 비전을 조직원들과 공유하는 것을 최우선으로 삼는 이유다.

정보의 독점은 특정 부서나 개인에게 단기적인 혜택을 줄 수 있으나 조직의 성장을 저해하고 종국에는 조직에서 도태될 가능성을 높이게 된다. 삼성맨이라면 누구나 '혼자 가면 빨리 갈 수 있지만 함께 가면 더 멀리 갈 수 있다'는 것을 뼛속 깊이 알고 있다.

아들딸들을 위한 아빠의 멘토링

Q: 조직에 들어온 지 얼마 되지 않은 제 동기들이 많이 회사를 떠났거나 떠나고 싶어 합니다. 그런 동기들을 보면 위축도 되고 갈등도 생깁니다. 어떻게 해야 할까요?

A: **조직이 내미는 미션과 자신의 욕망 사이의 괴리부터 인정하고 넘어서려고 노력해야 합니다.**

'배가 덜 고파서 그렇다.', '요즘 애들은 근성이 없다.'며 이들에게 곱지 않은 시선을 보내는 선배도 많습니다. 적성에 맞지 않는 일을 하면서 힘들어하거나 생각지도 못한 문화의 벽에 부딪히면서 쌓인 이들의 고민은 깊습니다. '내가 이러려고 회사에 들어왔나?' 하는 회의감은 커져만 가고 있습니다.

조직의 미션과 내 욕망의 괴리를 먼저 잘 살펴봐야 합니다. 그 간극을 좁히려고 노력하다 보면 자신이 어느 부분의 포인트에서 어긋났는지를 잘 알 수 있습니다. 처음에는 잘하려는 것을 부각시키는 것보다 잘 못하는 것을 줄여나가는 데에 중점을 둘 필요가 있습니다. 업무를 잘하기 위해서는 성과를 잘 남길 필요가 있습니다. '내가 이만큼 했어!'라는 주장은 쓸모가 없습니다. 자신의 업무가 얼마만큼의 수익률을 향상시켰는지 계량화시키고 데이터베이스화할 필요가 있습니다. 자신이 일한 업무를 계량화하지 못한다는 것은 제대로 일하지 않았다는 의미입니다.

조직에서 잘나가는 직원의 조건

"누군가를 믿고 기다려 준다는 것은 생각처럼 쉽지 않다.
하지만 사실은 기다리는 것이 힘든 게 아니다.
확신이 없으니까 힘들고 두려운 거다."

- 김성근 -

조직에 대한 이런 순애보적인 충성심은 반드시 보답받기 마련이다. 나는 삼성에서 항상 조금씩 동기들보다 빠른 승진을 하는 그룹에 들어갔다. 그런 나를 보고 사람들은 의아해했다.

"왜 윤승중은 항상 잘나가는 걸까?"

"윗선은 왜 윤승중을 좋아하는 걸까?"

근면성실하고 모범적인 명문대 출신들이 조직에서 소외되는 경우가 왕왕 있다. 반면 일류대 출신이 아니면서 조직 방침에도 무조건적으로 추종하지 않는 사람들이 오히려 인정 받으며 탄탄대로를 걷는 경우도 있다. 왜 그런 것일까?

조직에서 잘나가지 못하는 사람들에게는 특징이 있다. 그들은 기존의 가치나 구조에 얽매여 상사의 명령에 무조건적으로 따라 움직이는 성향이 강하다. 하지만 요즘은 그런 사람들이 성공하기 어렵다. 모르는 것에 대한 호기심과 그것을 알고 싶다는 목마름이 없으면 앞으로 못 나가는 세상이다. 무엇이든지 나에게 새로운 일이 닥치면 배워서라도 극복해 내려는 학습 역량이 있어야만 한다.

그렇다면 업무를 잘하는 사람들의 특징은 무엇일까?

그들은 결론을 빨리 잘 짓는다. 시간을 투입해서도 결론이 같거나 결론을 모르겠으면 결론을 차라리 빨리 위임해버린다. 큰 성과 이전에 작은 성과를 꾸준히 만드는 것도 빨리 결론을 내는 방법이다. 충분한 사전 준비와 자료 습득을 통한 통찰이 결정을 빠르게 한다.

일 잘하는 사람들은 어떻게 해서든 마감을 정해 기한 내 마무리 짓는다.

회사 관련 일을 꾸준히 기록 정리해 조직원들과 잘 공유한다. 업무의 히스토리를 정확하게 인수인계하고, 여기에 자신만의 노하우나 팁을 달아 자신의 업무 장악력을 한껏 드높인다.

자기 부서원뿐만 아니라 다른 부서 조직원들과의 협업 관계를 확대 유지한다. 나보다 업무를 잘하는 사람이 있다면 조직 성과를 창출하기 위해 기꺼이 추천하거나 업무위임하는 데도 주저하지 않는다.

업무에는 돋보이는 일과 그렇지 않은 일이 있는데 업무를 잘하는 사람은 눈에 띄는 일만을 쫓지 않고 업무 중요성을 우선적으로 생각하며 업무 이슈를 잘 선점한다.

업무를 잘하는 사람은 협상을 잘한다. 협상을 잘하기 위해서는 역지사지의 배려심을 갖고 있어야 한다. 효과적인 협상 진행을 위해서는 원활한 소통이 필수다. 소통을 잘하기 위해서는 당사자 간에 응답과 울림을 전제로 하는 의미의 공유가 일어나야 한다. 응답과 울림이 없으면 의미의 공유가 이루어지지 않아 소통 자체가 증발해 버린다.

나는 나름 소통력과 공감력이 풍부한 편이었지만 늘 조직에 순응하는 고분고분한 유형의 직원은 아니었다. 고집이 센 편이라 상사와 싸움 아닌 싸움도 많이 했다. 하지만 일을 안 하겠다고 하는 반항이 아니라 제대로 일하기 위한 질문과 협상 과정에서의 싸움이었다.

때에 따라선 사장들한테도 대들었다. 1985년 부산공장 자재과장 시절 당시 삼성전관 K 사장님께서는 인격이 출중한 데다업무 역량도 뛰어난 분이셨다. 과장 때부터 도쿄 사무소장에이르기까지 나를 가르치며 성장시켰던 스승님 같은 분이었지만그분한테까지도 대들다가 많이 혼난 적이 있다.

어느 날 열린 생산 판매 회의 때였다. K 사장님이 모니터 영업 Y 과장에게 실적 압박을 하니까 영업 파트에서 예상을 뛰어넘는 판매를 이루어 내겠다는 대답을 엉겁결에 해버렸다. 기존

5,000대밖에 못 팔고 있으면서 대답은 10,000대를 팔겠다고 말한 것이다.

사장님이 자재과장인 내게 "자재는 문제없겠지?"라고 물어보셨다. 그 시절에는 주요 자재를 전부 수입해야 되기 때문에 정확한 예측이 중요했다. 나는 "7,000대까지는 할 수 있지만 나머지는 다음 달로……."라고 답변했다. 그랬더니 사장님은 "자재에서 그런 준비는 다 해줘야 하는 거 아니야? 영업파트에서 판다고 하는데……."라고 언짢아하셨다.

하지만 나는 꿋꿋하게 "한 달 기회를 주시면 가능하지만 지금은 2,000대 이상은 추가 확보가 불가능합니다."라고 대답했다. 내 대답이 떨어짐과 동시에 "그러면 내가 해볼까?" 하는 사장님의 우렁찬 목소리가 들려왔다. 분위기가 살벌해졌지만 조용히 있지 못하는 성격에 "그건 아무리 사장님이라도 안 됩니다."라고 단호하게 말했다. 사장님의 안색이 벌겋게 변하기 시작했다. 한마디로 열 받은 것이었다. 옆에 앉아 있던 전무에게 "H 전무! 윤 과장 교육 좀 시키시오!" 하고 소리를 질렀다. 하지만 결과는 내 말대로 처리가 되었다.

솔직히 예의를 중시하고 상명하복 문화가 강한 삼성의 상사들로부터 보기 드문 '반항아 간부'라는 쓴소리도 많이 들었다.

구매파트 업무의 효율성을 제고하기 위해서는 조직 내 다양한 목소리가 있어야 한다고 생각한다. 적어도 나만이라도 까칠한 예스맨이 되어야 한다고 생각했다. 나는 상사가 시키는 일을 무조건 안 된다고 하진 않았다. 일단 무리한 지시라고 생각되면 검토해보겠다고 말한 다음 그 지시의 적정 여부에 대한 오더에 대한 분석과 대안 제시를 통해 상사를 설득시켰다. 그러나 허용하기가 어려운 일이라도 일단 일을 맡으면 불도저처럼 밀어붙이는 것을 마다하지 않았던 사람이 바로 나였다.

원하던 회사에 들어와 시간이 지나면서 나는 못 다한 공부를 더 하고 싶었다. 입사한 지 1년이 지난 1979년 9월 고려대학교 경영대학원 석사과정 2학기에 재등록을 했다.

입사 1년 차가 정시 퇴근을 하는 것은 당시에는 상상하기조차 힘든 일이었다. 하지만 나는 정시 퇴근을 강행했다. 1970년대 말 그 시절에는 오전 9시 출근 오후 6시 퇴근이었다. 저녁 6시에는 애국가가 울렸던 시절이었기에 칼퇴가 더 의미가 있었다. 당시 직속 과장은 그런 나의 모습을 별로 좋아하지 않았다. 결국 퇴근과 관련한 충돌이 일어나고야 말았다. 과장은 내가 퇴근할 때쯤 꼭 일을 시켰다. 대학원 수업이 있는 주 3일은 반드시 칼퇴근을 할 수밖에 없기 때문에 솔직하게 토로할 수밖에 없었다. 과장이 늦게 과제를 주면 "죄송하지만 내일 하겠습니다. 오늘 꼭 필요한 일이라면 미리 order해 주십시오."라고 말하고 퇴근해버렸다.

나보다 4살이나 많은 사람이기에 나는 원치 않는 지점에서 종종 상사와 부하 관계로 만나면서 사사건건 부딪히곤 했다.

기질이 약하거나 자리에 연연하지 않는 사람들 중에는 그의 기행적 리더십을 극복 못 하고 그만두는 사람들도 많았다. 나는 특전사 경험을 통해 담대하게 상황에 잘 대처하는 능력을 갖추고 있기에 기가 눌리지 않고 바로 받아칠 수가 있었다. 이러한 관계가 지속되면서 하자가 없는 서류까지도 제대로 결재해주지 않는 일이 잦아졌다. 결재가 밀리며 업무의 병목 현상이 자꾸 발생하자 나도 더 이상 묵과할 수만은 없었다.

　결국 갈등은 폭발하고 말았다. 어느 날, 또 결재 서류를 올렸는데 과장이 "그냥 놓고 가세요!"라는 말만 하고 결재를 해주지 않았다. 가뜩이나 벼르고 있던 때라 즉각 강한 저항이 일어났다.

　"문제가 있으시면 얘기를 하시든지 제가 마음에 안 드시면 다른 데로 차라리 보내십시오. 지금 이렇게 결재를 하지 않으시면 저보고 일하지 말라는 거 아닙니까?" 가뜩이나 목소리가 큰 사람이 화가 난 목소리로 불만을 내던졌다.

　14층에 있는 사무실이 순식간에 조용해졌다. 화가 난 내가 결재판을 책상 위에 큰소리가 일 정도로 집어던지니까 그제야 과장도 움찔 놀라는 기색을 보였다. 솔직히 하룻강아지 범 무서운 줄 모른다고 신입사원이 과장한테 그렇게 대든다는 것 자체가 자신의 위신이 훼손되는 일이라는 것을 그제야 깨달았을 것이다. 그 후부터 과장은 조용히 결재를 해주기는 했으나 나를 미워하는 마음을 버리기는 어려웠을 것이다.

　사내의 평판은 본인이 만드는 것이다. 불성실한 조직생활은 부메랑처럼 돌아오는 법이다. 그 이후 과장은 상무 직위를 마지막으로 퇴임하였다.

상사들은 까칠한 나를 별로 안 좋아했을지는 몰라도 동료들이나 후배들은 달랐다. 당시 삼성그룹에는 선린상고, 덕수상고, 서울여상 등 상고 출신 젊은 직원들이 많았다. 얼토당토않은 과장의 업무지시에서 벗어날 수 있도록 그들을 도와주기도 하고, 단합회식 기회도 자주 마련해주어 나를 많이 따르는 편이었다. 특전사에서 거친 부하들을 통솔했고, 한때 학생들을 가르쳐보기도 해서인지 나보다 어린 직원들을 이끄는 것이 그리 어렵진 않았다.

업무 프로세스가 잘못됐을 때는 다시 새 판을 짰다. 내 사전에 내 일을 미뤄서 욕을 먹는 것도 안 되지만 조직의 잘못된 업무 프로세스로 인해 외부의 사람들에게 욕먹는 꼴은 볼 수 없었기 때문이다.

구매부서는 물건을 사면 대금을 업체에 지급해야 하는데 어느 날 거래관계에 있는 중소기업 사장이 대금 받는 날에 빈손으로 돌아가며 한숨을 쉬는 모습을 보았다. 의아해서 왜 그냥 가시냐고 묻는 내게 그 중소기업 사장이 우물거리며 말했다.

"대금이 나오기로 한 날인데 다음 주에 오래요."

분명 나는 대금 지급건과 관련한 내부 품의를 이미 돌렸는데 경리팀에서 내주지 않았다는 말에 화가 났다. 중소기업 사장에게 울상을 지을 수밖에 없는 사정이 있었다.

"원재료 사고 다음 주에 물건 만들어야 하는데 돈이 안 들어오니까……. 어렵네요."

자세히 알고 봤더니 경리 파트에서 농간을 부린 것이었다. 하루라도 늦게 대금을 지급하면 이자를 만들 수 있었기 때문이다. 실적을 높이기 위해서 흔히 쓰던 갑질 방식이었다. 나는 당상 경리팀으로 달려가 담당자에게 큰소리를 버럭 질렀다.

"회사 돈이 너네 개인 돈이야? 우리는 원재료를 사서 제품을 만들어야 수출하는데……. 협력회사가 잘 돌아야 우리도 잘 도는 거잖아."

입사 동기가 나의 고함소리에 절절매면서 상사들을 쳐다보며 고개를 숙였다. 아마 그 친구도 상사의 지시에 의해 할 수 없이 한 일이었을 테지만 나는 멈추지 않았다. 14층에 모인 경리, 구매, 영업, 기획 파트의 모든 이들의 이목이 쏠려도 나는 할 말을 했다.

소란이 지속되자 경리 파트 부장이 대졸 사원끼리 이렇게 싸움질을 하면 다른 직원들이 뭘 배우겠냐며 야단을 쳤다. 이후 대금 지급이 정상적으로 이루어지게 되었다. 내부 일처리 방법의 배선을 통해 갑과 을의 거래관계를 재정립했다는 자부심을 가질 수 있었다.

이렇게 업무를 열심히 하면서도 자기계발도 게을리하지 않았다. 사실 당시 나는 정말 재미있고 즐겁게 일했다.

대학원에 가지 않는 날에도 나는 일본어 공부를 했다. 시청 뒤에 시사영어학원이 있었는데 점심시간에 밥도 먹지 않고 일본어를 배우러 학원에 갔다. 헐레벌떡 다시 회사로 돌아와서 중간에 김밥이나 라면 같은 것으로 대충 때웠다. 일본 문화원에 가서 공부도 하고 학원에서 배운 일본어를 쓰기 위해 일본 사람들에게 일부러 말을 걸기도 했다. 그렇게 학원 수업과 독학을 병행하다 보니 어느 정도 일본어가 들리기 시작했다.

어느 정도 회사 생활과 학업이 안정될수록 조금 외로워지기 시작했다. 정서적인 안정감을 줄 이성을 만나고 싶었지만 녹록지 않은 개인 사정 때문에 주저할 수밖에 없었다.

솔직히 대학원 공부하느라 모아둔 돈도 별로 없었고, 매월 받는 급여는 1978년 2월 돌아가신 아버지의 빈자리를 어느 정도 메워야 해서 입사 직후부터 어머니와 동생들을 위해 쓰여지고 있었다.

그러던 중 거래선 중역의 소개로 지금의 아내와 만남을 가졌다. 대학원 공부와 일 때문에 바쁘다는 이유로 이미 한 번 거절한 적이 있었는데 계속 관심을 갖고 나를 지켜보던 그분에 의해 다시 만남이 주선된 것이었다.

명동 세종호텔 커피숍 맞선 자리에 들어온 스물다섯 살의 아가씨는 깔끔한 인상을 갖고 있었다. 솔직히 당장 결혼을 할 수도 없는 처지에 괜스레 맞선자리에 불러냈던 것이 내심 미안했던 난 결국 그녀에게 내 사정을 솔직히 고백했다. 배려심이 많고 다감했던 그녀는 나를 있는 그대로 인정해주었다. 그런 모습에 반한 나는 그녀와 좋은 마음으로 만남을 이어갔다.

1981년 9월 5일 성공회 대성당에서 결혼식을 올린 그녀가 바로 내 아내다. 주위에서 깜짝 놀랄 만큼 연애기간이 짧았지만 35년이 지난 지금까지도 아내와 잘 해로하고 있다. 신혼집은 시흥동 샛별아파트에 꾸렸다. 이듬해인 1982년 5월 30일 딸 규리가 태어났고, 그 이듬해인 1983년 난 3월 삼성그룹 최초로 생긴 대리 직급을 달았다. 그리고 그 해 10월 11일 아들 석준이가 태어났다.

1981년 9월 5일 정연우 신부님과
(성공회 대성당)

아들딸들을 위한 아빠의 멘토링

Q: 학교보다 직장에 적응하는 것이 더 어려운 것 같아요. 입학을 앞두고 미리 학교에 적응하기 위한 준비처럼 직장 입문 준비는 어떻게 해야 할까요?

A: **직장에는 여러 가지 평가 기준이 있어 적응이 오래 걸릴 수 있지만 시간이 약이라는 사실을 깨달을 것입니다.**

영국 심리학자 필리파 랠리의 실험에 따르면 새로운 환경에 적응하는 데에는 평균 84일이 걸립니다. 보통 3개월을 헤매는 게 정상이라는 말입니다.

직장이나 조직 내에서 적응장애를 겪는 신입 직원들이 의외로 많습니다. 첫 직장에 대한 각오가 커서 그런지 심적인 스트레스로 괴로워합니다. 일에 잘 집중도 못하고 근심 때문에 잠도 곧잘 설치기 일쑤입니다. 자신의 직무가 벅차고 극복할 수 없는 벽처럼 느껴지기도 합니다. 적응장애는 능력이 부족하거나 소심한 사람에게만 오는 것이 아닙니다. 오히려 남들이 보기에 완벽해 보이는 직원도 겪습니다. 적응장애를 극복하기 위해 조급해하지 말고 시간이 지나면 나아질 거라 믿어야 합니다. 누구나 이런 상황이면 겪는 문제, 언젠가 없어질 문제라 여기고 스스로 위축되지 않도록 노력해야 합니다.

적응을 빨리 해 보겠다고 무리하게 업무를 자청하면 체력적으로 더 저하될 수 있습니다. 자신을 믿고 동료들에게 적극적으로 배우고 소통하면서 풀어나가야 합니다. 타인의 시선과 평가를 과하게 의식하지 말고, 타인의 이해와 도움을 관대하게 기다리며 여유를 가지고 자신의 일에 적응을 해나가야 합니다.

성장 인큐베이터,
부산공장

"성공하는 사람들은 신속한 결단력의 소유자다."

- 나폴레온 힐 -

　이병철 회장님은 전 세계에 나가서 해외 기업들과 경쟁하려
면 젊은 직원들에게 외국어 공부를 확실히 시켜야 한다는 생각
을 갖고 계셨다. 이병철 회장님은 1983년 4월 삼성그룹 연수원
에 외국어 생활관을 건립하고 원어민 교사를 초빙하여 어학공
부를 집중적으로 시키셨다.

　당시 일본은 한국보다 더 높은 기술력과 브랜드 네임밸류를
가진 세계적인 기업을 많이 가진 나라였다. 삼성그룹은 일본을
벤치마킹 국가로 잡고 일본의 기술을 전수받기 위해 고군분투
하고 있었다. '삼성전관'이라는 회사 자체가 NEC라는 일본회사
와 삼성그룹이 합작을 해서 만든 회사였다. 삼성전관은 흑백 브

라운관과 컬러 브라운관을 만드는 회사로 출발했는데 이후 샘트론SAMTRON 모니터의 생산판매는 물론 Apple 모니터까지 생산·수출했다. 30세의 스티브 잡스가 우리 회사에 와서 모니터를 사갔던 것이 그 시기였다. 내가 일본 자재 구매 담당으로 성장을 할 수 있었던 것은 평소 일본어를 열심히 공부하고, 일본 산업을 벤치마킹했던 덕분이다.

삼성에서 성공하기 위해서는 해외근무 경험이 필요하다고 생각하고 꿈을 키우고 있었다. 당시 해외주재원은 일본밖에 없었기 때문에 일본주재원 근무를 위해 일본어와 일본 산업 등에 관심을 가지게 된 것이다. 하지만 내가 일본어를 공부하게 된 아주 직접적이고 현실적인 계기는 따로 있었다.

바로 직속 상사 때문이었다. 소위 '개룡남'인 그는 욕심이 많아 군대에 가서 독학한 유창한 일본어 실력을 인정받던 사람이었다. 문제는 그 과장이 나를 2류대를 졸업했다고, 일본어를 못한다고 수시로 무시했던 것이다.

인생을 살다 보면 다양한 사람들을 만나게 된다. 절대 용서할 수 없는 사람, 도무지 이해할 수가 없는 사람, 자꾸만 반발심이 들게 만드는 사람, 아무리 노력해도 도저히 좋아할 수 없는 사람, 별 이유 없이 그냥 싫은 사람……

내게 반감을 불러일으키던 그는 역설적이게도 나에게는 반면교사의 스승이었다. 솔직히 사사건건 나와 부딪히고 나를 무시하던 그가 있었기에 내가 더 자기 개발 의지를 활활 불태울 수

외국어 생활관 입교 단체사진

있었던 것 같다. 그러던 1983년 초 Global 교육기관인 삼성외
국어연수소가 만들어졌다.

　외국어 생활관에 입소하는 것 자체가 업무도 하지 않고 합숙
하며 원하는 외국어에만 전념하는 과정이었기 때문에 입과 자
체가 특혜처럼 인식돼 있었다.

　입사하면서부터 일본 주재원이 돼야겠다는 큰 꿈을 품고 일
본어를 공부하던 나는 외국어 생활관에 꼭 들어가고 싶었다.
하지만 직속 상사 과장이 후임을 데려다 인수인계를 제대로 하
고 난 다음 입소하라고 강요하는 바람에 자칫 외국어 연수 기
회가 불발될 뻔하기도 했다. 하지만 이때에도 특전사에서 체득

한 불굴의 정신을 유감없이 발휘했다. 어렵게 ROTC 후배를 찾아내 서울 본사 인수인계를 마치고, 입과 1주일 남겨 둔 10월 17일 간신히 꿈을 이룰 수 있었다.

일련의 복잡한 일정 때문에 10월 11일 오전 11시에 출생한 아들의 모습도 보지 못한 채 인수인계를 하고, 외국어 생활관에 들어갈 수밖에 없었다. 과연 '이렇게까지 하는 게 잘하는 일인가?'라는 회의감과 홀로 돌쟁이와 갓난아기를 돌봐야 하는 아내에 대한 미안함에 마음이 아팠지만 대의를 실천하기 위해 애써 마음을 다잡았다.

생활관에 입소해서 10주간 밥 먹고 잠깐 잠자는 시간을 제외하고는 원어민 교사와 합숙하면서 눈만 뜨면 일본어로만 말했다. 먹을 때도, 잘 때도 일본어만 사용하다 보니 나중에는 잠꼬대도 일본어로 할 정도였다. 3주 정도는 직원들끼리 서로 말도 안 하고 공부만 했다. 소화가 안 될 정도로 스트레스를 받아 중간에 위장장애로 포기하는 사람이 생길 정도였다.

당시 나를 포함한 학생들은 대부분 읽고 쓰고 하는 한국식 어학 공부는 잘해서 입과 합격할 수 있었지만 회화력이 많이 떨어져, 원어민 교사와의 대화가 제대로 이루어질 수 없는 수준이었다.

나 역시 소화제와 진통제를 먹어가며 밤늦게까지 예습과 복습을 했다. 그렇게 해야만 다음날 매일 치러지는 시험에 간신히 통과할 수 있었다. 이렇게 극기훈련식으로 일본어를 공부하다 보니 한 달이 조금 지났을 때 귀가 열리기 시작했다. 반벙어리 같았던 나와 주위 동료들이 일본어로 소통하기 시작했다.

10주의 과정을 끝마치고 회사로 돌아오니 모국어보다 일본어가 먼저 튀어나올 정도가 되었다. 자연스럽게 회화가 될 정도의 수준에 도달했다고 스스로 자부심을 느낀 12월 23일 드디어 일어중급과정을 무사히 수료했다.

외국어 생활관을 마치고 나오면서 일본 주재원으로 나갈 수 있을 거라는 꿈에 부풀어 있었다. 그런데 그 꿈을 이루는 것은 생각보다 요원한 일이었다.

당시 고매한 인품으로 안팎으로 존경을 받고 있는 L 전무님께서 "너 어떤 꿈을 갖고 일본어 교육 열심히 갔다 왔는지를 잘 알고 있는데 미안하지만 부산 공장에 문제가 많으니 자재과장으로 좀 내려가야겠다."라고 청천벽력 같은 말씀을 하시는 것이 아닌가!

사실 부산 공장에 문제점이 많았다. 원래 서울 본사에서 부산 공장에 일하기 위해 지금까지 간부로서 내려가는 사람이 없었다. 그때까지 부산 공장 사람들은 현장에서 바로 모집하고 채용하고 있었다. 그러다 보니 지연과 인맥에 의해 공장 직원들이 채용이 되는 경우가 많았다. 제대로 된 공부를 한 사람도 없었고, 들어와 공부를 시키는 시스템도 전무했다.

그래서 부패나 불량 같은 고질적인 문제가 종종 일어났다. 전문성이 없는 사람이 구매를 담당하니 맨날 문제가 터질 수밖에 없었다. 조직 내부의 문제가 고착화되다 보니 회사에 대한 불신이 쌓여가기 시작했다.

더 심각한 건 그런 문제점들이 잘 시정이 되지 않는다는 점이었다. 전부 끼리끼리 아는 사이이기 때문에 굳이 얼굴 붉히면서까지 개선하려고 들지 않았던 탓이었다.

"부산공장 진짜 심각하다. 누구를 보내야 하는데 딱 떠오르는 사람이 너밖에 없었어. 과장 달고 부산 가! 아이들 어린 거 아니까 집은 가까운 데로 회사에서 얻어줄게. 도쿄 주재원 나가기 위해서도 공장 경험은 필요한 일이다. 나중에 내가 한 말 고맙게 여기는 날이 올 거야."

곰곰히 생각하니 어찌됐든 조직이 내게 새로운 미션을 부여했는데 개인적인 야망 때문에 조직의 명령을 거부한다는 건 어불성설이라고 생각했다. 게다가 대리라는 직급을 달고서는 일본에 가더라도 핵심적인 업무를 할 수 없을 것 같았다. 윗선에서 잘 보았기에 조직 혁신 사명을 내게 준 것이라고 생각하니까 실망스럽던 마음이 긍정적으로 바뀌었다. 인재 양성에 남다른 혜안을 가지고 전력투구하는 삼성의 명령이라면 누구나 수긍하고 받아들이는 게 당연한 수순이다. 그래도 "왜 하필 접니까?"라고 물었다. 그러자 이런 답이 돌아왔다.

"너라면 잘할 수 있지 않을까 싶었다. 부산 사람들 기가 보통 센 거 아니잖아? 상사나 선배들도 휘어잡고 사는 너라면 믿을 수 있다고 생각했다."

 1984년 3월, 과장으로 승진해 부산사업장인 가천공장 자재
과장으로 부임했다. 관사가 따로 없었던 까닭으로 공장이 있는
통도사 근처에 집을 구했다. 시내가 여건이 더 낫기는 했지만
그러자면 공장과 너무 멀어지는 단점이 있었다. 구매 업무는
현장과의 동선이 길어지면 업무효율이 떨어지는 특성을 가지고
있기 때문이다.
 회사는 부산공장으로 가족을 이끌고 내려간 나를 배려해 사
택을 제공했다. 통도사 입구 마을에는 아파트가 없어 연립주택
에 둥지를 틀었다.

1985년 5월 부산사업장 체육대회
(자재과장 시절)

 6개월이 된 아들까지 네 식구
가 계획에도 없던 시골생활에 들
어갔다. 서울에서는 아파트에 살
았던 아내였지만 가타부타 불만
을 표현하지 않아서 오히려 더
미안할 지경이었다. 굳은 심지
를 가진 데다가 평소에 내 회사
생활패턴을 잘 이해해주던 아내
이기에 그렇게 선뜻 남편만 믿고
따라와 주었을 것이다.

내 인생에서 부산 시절은 소중하다. 그곳에서 나는 인생을 아주 많이 배웠다. 구매 과장으로 부임할 당시 내 나이는 겨우 32살이었다. 부임해보니 10살 많은 사람이 대리로 있었고, 40여 명의 평균 나이가 내 나이보다 많았다. 그곳은 현장 출신의 거칠고 노회한 사원들이 모여 있는 진짜 문제 부서였다. 가자마자 얼마 안 돼서 나는 감사가 나올 때마다 타깃이 될 수밖에 없는 조직 환경을 바로 파악할 수 있었다.

사실 처음에는 다소 편하게 생각했다. 내 특유의 친화력과 돌파력으로 부산 생활이 마냥 쉬울 줄 알았다. 게다가 구매업무를 하면서 다는 아니지만 어느 정도 일면식이 있는 사람들도 있었기에 마음을 놓았다. 하지만 이것은 나만의 착각이었다.

자재는 현장업무와 밀접한 파트다. 하지만 그들은 내게 정말 상상도 못한 텃세를 강하게 부리기 시작했다.

'서울에서 젊은 과장놈 하나가 왔다며? 얼마나 견디는지 보자!'라는 정서가 파다하게 퍼져 있다는 것을 정작 당사자인 나만 몰랐던 것이다. 40살이 넘어 겨우 과장을 다는 사람들도 있는데 30대 초반의 본사 직원이 과장이랍시고 오니까 그들은 나를 낙하산 인사라 못 박아 놓고 엄청 못마땅해했다.

자재가 끊어졌다고 집에 와서 밤 12시에 문 두드리는 일은 예사였다. 현장 사람들이 자재가 끊어졌다고 하는데 정보를 공유하지 않으니까 사실인지 아닌지도 모호했다. 밤늦게 어린 아이도 있는 가정집에 그런 식으로 찾아오니까 정말 노이로제에 걸릴 지경이 되었다.

6개월가량은 두통약을 먹고 일할 정도였다. 그들을 장악하지 않으면 계속 그런 식으로 시간이 흘러갈 것이라는 걸 알았다. 나만 드나들면 쑥덕거리고 식당에서도 툭툭 몸을 치고 다니는 유치한 텃세를 견디다 못한 나는 좋은 게 좋다는 식으로는 이들을 바로잡지 못할 거라고 생각했다. 내 특유의 반격을 시작할 수밖에 없었다. 사무실에 시도 때도 없이 쳐들어오는 현장 직원들을 길들이기 시작했다.

"자재가 없어서 생산라인이 스톱되었는데 자재과장은 무엇하고 있습니까?"라는 협박성 말에도 나는 방향을 잡았기에 무심히 대꾸했다.

"자재가 없으면 미리 챙기는 게 현장 일 아닌가? 갑자기 자재가 모자란다는 건 이해가 안 되니 생산라인 세우고 자재과 사무실 찾지 마세요!"

1985년 부산공장 전략회의 임직원 단체사진

자재가 없다고 라인을 세우면 손해가 막심할 수밖에 없지만 나를 괴롭게 만들려고 하는 사람들에게 더 이상 농락당하기 싫었다. 특전사 기질을 발휘했다. 좋은 게 좋다는 식으로는 그들의 견고한 네트워크를 깨기가 쉽지 않다고 판단해 강한 반격으로 기선제압하기로 했다.

자기들 멋대로 사무실에 드나들던 현장 사람들의 출입을 통제하기 시작했다.

"자재! 어디 갔어? 자재는 뭐하는 ××들이야?"

자재담당자는 깡패같이 막무가내로 덤벼드는 현장조·반장들이 무서워 그들이 오면 책상 밑으로 숨기 바빴다. 하지만 나는 내 스타일로 밀고 나갔다.

그렇게 들이닥친 사람들에게 소리를 지르며 쫓아 나갔다. 우르르 밀고 들어오는 그들에게 싸움할 듯이 강하게 쫓아가며 욕을 해대니까 놀라 달아났다.

세상은 법과 순리로 해결되지 않는 부분들이 많다. 이런 일이 있은 후 6개월가량 지나니까 부산 공장의 생산과 자재부서 간 기강은 칼같이 변해 있었다.

현장 직원들이 막무가내로 자재를 내달라고 말하던 업무처리 시스템에서 예측 가능한 자재 수집이 가능하도록 새로운 프로세스를 도입·정착시켰다. 사무실 조직도 바꾸었다. 현장 사람들과 결탁된 사무실 인원들을 바꾸지 않으면 개선은 한낱 수박 겉핥기 식으로만 끝날 공산이 컸기 때문이었다. 업무 분장도 새로 조정했다.

　이처럼 모든 것을 절차와 원칙대로 하도록 변화시켰더니 공장이 원활하게 가동되기 시작했다.

　부산 공장 생활은 나를 성장시켰고, 자신감을 배가시키는 소중한 경험이었다. 비록 일본행 꿈의 연기로 아쉬움도 있었지만 공장 자재과장 위치가 거의 임원 같은 중요한 위치라는 것을 깨닫고 사명감과 책임감으로 최선을 다했다. 그러다 보니 본사 사장님 이하 임원들과 공장 임원들한테 늘 칭찬을 받으며 일할 수 있었다. 한마디로 부산공장이 나를 키운 인큐베이터 역할을 한 셈이다.

김정배 사장님으로부터 표창 받는 모습(1986)

Q: 직장에서 붙잡고 싶은 1%의 직원이 되기 위해서는 어떻게 해야 할까요?

A: 성공적인 회사 생활은 모든 직장인의 염원이죠. 모든 리더들은 조직을 배려하고 실무에 능한 전문가를 원하지 조직 문화를 저해하는 평론가형 인재는 원하지 않습니다.

조직은 '평론가'를 좋아하지 않습니다. 편향적 평가는 주변 사람들의 감정을 자극해 의욕을 꺾고 편을 갈라 조직에 갈등을 증폭시킵니다. 해결책보다 문제점에 집중하고 장점보다 단점을 보고 일이 진행이 안 되면 자신보다 다른 사람을 탓합니다.

변화와 발전에 소극적인 모습을 보이고 부서 내에서 부정적인 분위기를 조성하며 열정적으로 움직이지 않습니다. 단기적으로는 화려한 언변과 여러 가지 지식으로 무장한 평론가 유형이 좋게 보일 수 있습니다. 하지만 부정적인 태도는 다른 사람까지 부정적으로 변모시켜 조직 성장 동력을 훼손하게 됩니다.

말이 아닌 행동으로 보여주는 실무형 인재로 성장해야 합니다. 희소성과 전문성을 키워야 합니다. 해당 분야에 대한 전문성은 필수 요소이며 여기에 희소성까지 갖춘다면 많은 회사가 탐내는 인재가 됩니다. 예를 들면 영어 잘하는 IT 전문가, 영어 잘하는 회계전문가처럼 전문성과 희소성을 갖추어 자신이 몸담은 직종에서 다른 사람과 차별화할 수 있는 무기를 장착하시길 바랍니다.

악명의 비서실 구매감사팀이
뿔난 이유

"인간의 천성은 비슷하나
습관의 차이가 큰 차이를 만든다."
- 공자 -

    당시만 해도 대학졸업자 간부가 희소가치가 있었으므로 공장 내에서도 서울에서 온 젊고 멋있는 과장님으로 많은 인기를 누린 것 같다. 자재부서의 직원들과는 친척이나 형제자매처럼 즐겁게 지내게 되었다. 현장 생산부서나 관리, 경리 부서에 근무하는 사람들과도 끈끈한 인간관계를 맺었는데 30여 년이 지난 지금도 지속적으로 만나고 있다.

    전산작업보다는 수기작업이 더 보편적이었던 그 시절, 갓 고등학교를 졸업해 이제 막 입사한 어린 여사원들이 월말 작업을 수기로 했는데 매월 1주일 정도는 같이 밤샘 작업을 했던 추억도 새록새록 생각난다.

나의 비서 역할을 하거나 감사를 제대로 받을 수 있도록 도와 주었던 여사원들 몇 명은 밤샘 작업을 한 후 우리 집에서 모자 란 잠도 청하고 아내가 만들어준 식사와 간식 등을 맛있게 먹으 며 즐거운 시간을 가지곤 했다. 갓난 아들, 어린 딸과 마치 이 모처럼 놀아주던 그녀들과의 추억을 떠올리면 절로 미소가 지 어진다. 대부분 타 지방 출신이어서 기숙사 생활을 해야 했던 여사원들이 띠동갑인 나와 아내를 마치 부모처럼 느끼고 대했 던 것 같다. 당시 20대 초반이었던 P, P, J, K, G의 이름이 아 직도 반갑게 느껴진다.

부산공장이 내가 노력하는 만큼 발전하고 가족적인 분위기에 서 즐거움을 가지고 근무하는 곳으로 재탄생되는 것을 보면서 많은 보람을 느꼈다.

부산에 내려간 그해 대학 원 논문심사가 있었다. 특전 사 중위시절 입학하여 삼성그 룹에 입사해 잠시 쉬어가면 서 힘들게 명맥을 이어가던 고려대학교 경영대학원 석사 과정을 드디어 졸업할 수 있 었다. 대학원 졸업장을 손에 쥔 것은 나의 도전정신과 끝

1984년 8월 고대 경영대학원 졸업식

장을 보는 성격을 대변하는 삼성 시절의 손꼽히는 무공담 중 하나로 인용되는 이야기이다. 삼성을 퇴임한 후 2009년부터 고대 MBA 교우회의 30대 회장단 사무총장까지 역임하면서 내 2막 인생의 네트워크가 되어주고 있다.

4년 동안 나로 인해 부산공장의 시스템이 많이 바뀌었고 현장의 고질적인 문제와 병폐들이 많이 사라졌기에 ROTC 10년 선배이신 천영신 상무공장장님의 나를 향한 신뢰는 이전보다 더 굳건해졌다.

제대로 된 책임감으로 일하는 방식을 바꾸면서 정신없이 하루하루 바쁘게 보내다 보니 시간은 금세 흘러갔다.

1984년 3월에 내려온 내게 1985년 10월에 겪은 비서실 구

1984년 8월 대학원 동기들과 졸업 기념

매감사는 특히나 기억에 남는 일이다. 삼성의 비서실에는 회장 직속의 감사팀이 있었다. 이 감사는 받는 피감 회사나 부서장들이 아주 학을 뗄 정도로 악명이 높은 감사였다. 위규 행위를 아무리 잘 숨긴다 해도 이 감사를 만나면 절대 피할 수 없어서 다 드러난다는 소문이 날 정도로 철저하게, 확실하게 진행되는 감사였다.

사실 부산공장의 자재과장 자리는 대대로 감사 적발 대상 1호의 요주의 대상이었다. 부산 토박이들이 구매업무를 담당하고 있었다면 현지 업체들과의 유착관계가 이어져 부패 부서로 계속 타깃이 되었을 터였다.

현장에서는 개발에 필요한 자재의 발주를 사전약속하고 업체로부터 다양한 도움을 받는 관행이 뿌리 내리고 있음을 알고 있었다. 부임 초기 어디서부터 근원적으로 손을 댈까 고민을 많이 했다.

고민하며 시간을 끌기보다는 일거에 확 프로세스를 바꾸는 것이 낫다고 생각한 나는 제대로 일할 사람을 그에 맞는 본연의 자리에 앉혀서 일을 시켰다. 나뿐만 아니라 모든 직원들에게 사적으로는 절대로 협력업체 사람들을 못 만나게 하는 등 1년여에 걸친 내부개혁을 추진하던 중 1885년 10월 서울 그룹 감사팀이 들이닥쳤다. 감사는 거의 한 달간 진행되었다. 구매 감사의 타깃은 협력업체의 유착 관련 부분이었다.

업무를 잘했는지, 부정이 있었는지, 접대를 받아 업체에 피해를 줬는지를 보는 감사임을 본사 구매 일을 하면서 잘 알고 있었기에 나는 철저하게 임했다. 감사를 염두에 두고 일을 했다고 해도 과언이 아닐 정도였다. 비위 하나라도 적발이 되면 바로 삼성에서 퇴출이 되는 엄격한 감사였기에 제대로 준비를 안 할 수가 없었다.

비서실 감사에 걸려 삼성에서 옷 벗고 나간다는 것은 내 자존심이 허락하지 않았다. 이전 구매과장 중 이 비서실 구매 감사로 인해 좌천되거나 옷을 벗을 수밖에 없었던 사람들이 꽤 있었다.

업체 사람들이 설이나 추석 명절에 구두표 같은 것을 들고 오는 것을 하나의 미덕으로 알던 시절이었다. 지방 도시에서 서로가 다 안면을 익히고 일하는 처지에 심의를 매몰차게 거절하기가 쉬운 일이 아니다.

사실 예전에는 선물을 주고 받는 게 자연스러운 관행이었다. 하지만 나는 고민을 거듭하다가 선물을 받기는 받되 이전과는 다르게 처리를 하기로 마음먹었다.

나를 포함해서 자재과 직원들이 받은 모든 선물을 한곳에 모았다. 우리가 먼저 달라고 해서 받은 것도 아니니까 주면 받기는 하되 누구한테 얼마짜리를 받았나를 투명하게 밝히라고 직원들에게 지시했다. 서무는 누가 얼마나 어떤 식으로 전달했는지 일시별로 다 정리했다. 그런 후, 품질관리를 하거나 공장 창고를 치우는 현장 직원들에게까지 공평하게 나눠주었고 그 결과를 빠짐없이 다 기록하고, 다시 한 번 확인까지 했다.

아니나 다를까 구매 감사의 중점 감사 항목에 구두표, 야유회 때 협찬 받은 술과 음료에 대한 것이 있었다.

"내원사 근처로 야유회 갈 때 맥주하고 음료수 ○○ 거래 선으로부터 협찬 받으셨죠?"

그때 업체 사람들에게 맥주 2박스를 받은 사실도 있었다. 하지만 이 역시 구두표처럼 우리는 다 기록을 해 왔고, 감사팀에게 그 내역을 그대로 보여 주었다.

"현장 정서라는 게 있습니다. 맥주 2박스를 뇌물이라고 받은 것이 아닙니다. 그분들이 억지로 떠안기는 것을 거절하는 것이 말처럼 쉽지 않습니다."

언제 어디에서 얼마나 받았는지를 기록한 장부를 모두 들이미니까 감사팀은 놀라워했다.

이렇게 일상을 세세하게 모두 기록한 공장 구매 팀을 한 번도 본 적이 없었던 데다가 적발 사항에 안 나오자 감사팀은 엄청 당혹스러워했다.

"윤 과장, 당신은 자재 업무는 안 하고 감사만 준비했습니까?"

감사가 끝나고 나를 조사했던 감사팀 차장이 내게 한 말이었다. 감사 도중 특전사 출신 입사동기인 K 과장이 나를 찾더니 완벽한 준비에 놀라움을 금치 못하고 있다는 감사팀 분위기를 들려주었다. 적발한 것이 없어 뿔까지 날 정도라고 말했다. 적당히 협조를 해주는 게 좋을 것 같다는 충고까지 들었지만 나는 완강히 거부했다.

"코에 걸면 코걸이고 귀에 걸면 귀걸이인 것이 현장에서 이뤄지는 거래의 특성이다. 뒤집어씌우면 고스란히 당해야 하니까 철저히 준비한 것이다. 잘못을 하지 않았는데 지적받는 건 싫다."

오히려 내게 상을 줘야 하는 게 아니냐는 말까지 했다. 그 뒤로 부산 공장에 대한 구매감사는 한동안 없어졌다. 나는 미래의 불확실성에 대비해 항상 이렇게 철저하게 준비를 해왔다.

부산 공장에서 4년여 동안 자재과장 일을 했다. 1986년 11월 이곳에서 난생 처음으로 일본 NEC에 해외 출장을 갔다. 똑 부러지게 일을 하니까 공장장님은 나를 본사에 올려 보내고 싶지 않아 하셨다. 당시 부산 C 공장장님은 이병철 회장님도 극진히 아끼는 사람이라 솔직히 그분에게 잘 보이면 삼성에서 승승장구할 수 있을 거라는 주변의 조언도 있었다. 하지만 나는 내 꿈을 포기할 수 없었다.

일본주재원의 꿈을 품고 그토록 열심히 일본어 공부를 했던 나는 힘 있는 상사의 줄에 서서 승진에만 목을 매고 싶지 않았다.

공장근무 4년 차가 되는 1987년부터 서울 본사로 복귀하려고 이리저리 분위기를 알아보고 있었다. 아무도 눈치채지 못하게 은밀하고 치밀하게 일본 주재 발령의 시기를 계산하고 있었던 것이다. 도쿄 주재원은 1975년부터 3년마다 바뀌고 있었는데, 다음 주재원 후임을 찾을 때인 1988년 즈음에는 내가 본사에 있어야한다는 계산이 나왔다. 도쿄 주재원 자리는 원래부터 나를 위한자리라고 못 박아두었던 터라 본사에 가서 업무를 할 필요가 있었다.

"공장장님, 제가 4년 꼭 채워 여기에서 뛰었습니다. 이제 그만 서울 본사로 보내주시면 감사하겠습니다."

"왜 그래? 나 힘 있는 거 알지? 내가 윤 과장 잘 봐줄 테니까나랑 함께 부산 공장을 지켜보자고!"

강력한 공장장님의 설득이 있었지만 주재원의 꿈과 곧 초등학교 입학을 앞두고 있는 아이들의 학업을 생각하면 서울 본사행을 포기할 수 없었다. 누구의 줄에 기대서 승진을 할 생각은없었기에 나는 내 식대로 미래를 그려나가고 싶었다.

"죄송합니다. 4년간 충분히 최선을 다했다고 생각하니 서울본사에 올려 보내주십시오!"

아무리 부탁해도 나의 간절함을 제대로 알아주지 않았다. 그래서 마지막 방법을 동원할 수밖에 없었다. 비서실에 근무하고있는 입사동기인 절친 P 과장에게 C 공장장님한테 잘 얘기를해서 나를 본사에 보내주도록 부탁한 것이다.

절친 P 과장은 후일 삼성그룹 부회장까지 올랐던 입지전적인인물인데 내가 도쿄 주재할 때 6개월간 일본어를 공부하기 위해 도쿄에 와서 우리 집에서 수시로 식사도 같이했다. 내가 어려울 때마다 함께해줬던 영원한 지기였다. 그의 도움으로 1987

년 12월 18일 부산공장 근무를 마치고 서울에 올라와 본사 업무과장 보직을 받았다.

부산 공장에서의 경험을 기반으로 즐거움 속에 본사 업무과장 업무에 적응해 나갔다. 1988년 11월 4일 프랑스 롱프랑사의 초청을 받아 첫 유럽 출장을 다녀왔다. 지금도 지중해 라로셀에 있는 롱프랑사에 방문했을 때 태극기와 프랑스 국기가 바람 속에 나란히 휘날리던 것이 기억난다. 파리와 라로셀까지 이동하면서 숙박했던 아주 오래된 궁전 같은 샤또Chateau도 떠오른다. 당시 롱프랑사 코리아 지사장과 현지 책임자가 우리를 안내했다.

1988년 11월 프랑스 롱프랑 방문 시

유럽 출장에서 다녀온 직후, 내가 입사부터 10년 동안 오매불망 고대했던 도쿄 주재원을 찾고 있다는 소문이 돌았다. 그리고 우여곡절 끝에 후보자가 되었다. 타이밍을 맞춰 철두철미하게 준비한 보람을 맛보며 주재원 꿈을 성취하게 되었다.

인생의 모든 일이 저절로 되는 것은 하나도 없다, 모 부장의 견제를 받아 후보가 바뀔 뻔하기도 했고 나를 아끼던 과장의 만류로 주재 발령을 못 받을 뻔한 사건 등 아슬아슬한 순간들이 있었다. 그런 일련의 일들이 일어난 1988년 말과 1989년 1월을 생각하면 아직도 난 가슴을 쓸어내리곤 한다. 하지만 결국 기회의 여신은 내게 손을 내밀었다.

1988년 본사 업무과장 시절 볼링단합대회

아들딸들을 위한 아빠의 멘토링

Q: 유사한 일을 반복적으로 하다 보니 직무 숙련도는 높아졌지만 그것이 내 적성에 맞는 일인지는 확신이 서지 않는 경우가 많아요. 어떻게 적성을 알 수 있을까요?

A: **일을 작게나마 시작해 보십시오. 작게 시작을 해도 꾸준히 하다 보면 스스로에게 맞는지, 잘할 수 있는지 아닌지 알 수 있는 시기가 오기 때문입니다.**

'잘하는 일이 뭐지?', '좋아하는 일이 뭐지?' 대부분의 대학생이나 직장 초년생들이 이런 고민을 가지고 있을 것이고, 빨리 그 답을 구하고 싶어 합니다. 특히 한국 교육 시스템은 자신에 대해 성찰할 기회가 자주 없기 때문에 자신에게 맞는 직무를 이해하고 선택하기란 더욱 어려울 수밖에 없는 것 같습니다. 그러다 보니 입사한 후에도 이직을 고민하거나 대학원 진학을 고민하는 경우도 많습니다.

안타깝게도 대다수는 그런 고민을 많이 해도 바로 결론을 내기가 힘듭니다. 아마도 무슨 일이 자신에게 맞는지는 모든 직무를 경험하지 않는 이상 명쾌한 결론을 얻기 힘들지도 모릅니다. 직장이란 곳은 자신의 자율보다 회사의 방침에 의해, 누군가에 지시에 의해 일을 하는 경우가 많은데, 누군가 시켜서 하는 일은 그 자체만으로도 스트레스가 될 수 있습니다.

하지만 여러분은 고민을 멈추지 않았으면 합니다. 그런 고민 자체가 스스로 발전하고 성장할 수 있는 중요한 밑거름이 되어주기 때문입니다. 자기에게 맞는 직무가 당장 결론이 나지 않더라도 스스로에게 잘 맞고, 잘할 수 있는 일을 멈추지 말고 찾아야 합니다.

마침내
도쿄 주재원의 꿈을 이루다

"기회가 왔을 때 받아들일 준비가 되어 있는 것이
성공의 비결이다."
- 벤저민 디즈레일리 -

과거 해외여행 자유화가 이뤄지기 이전에는 매우 까다로운 심사를 통과해야만 해외로 나갈 수 있기 때문에 1989년 당시는 일본과의 왕래가 제한적이었다. 그러나 자유화가 되면서 많은 한국인들의 일본여행과 한국계 기업들의 일본 진출이 눈에 띄게 증가하였다.

내가 일본에 간다고 했을 때 사람들은 매우 의아해했다. 당시 삼성은 성장기에 진입했던 때라 해외 주재원으로 나가는 것보다는 국내근무 쪽이 승진 기회 등에서 보다 유리했기 때문이다.

그럼에도 불구하고 해외 주재원 생활은 역시 인기가 많았다. 도쿄 주재원으로 가면 대략 3년 근무하고 귀국하는데 혜택도 많았기 때문에 주재원이 되기 위한 경쟁은 매우 치열했다. 당시 삼성만큼 외국 주재원에 대한 파격적인 혜택과 대우를 보장해주는 기업은 거의 없었다.

나는 1989년 2월 13일부터 열흘간 도쿄 주재 준비출장을 갔다 와서 3월 1일 삼성전관 도쿄사무소 주재발령을 받았다. 1989년 3월 31일 아내와 아이 둘, 가족 넷이 도쿄 신주쿠 역에서 가까운 하츠다이 라이언즈 맨션에 둥지를 텄다. 4월 3일 도쿄사무소로 출근을 해 전임 직원들로부터 인수인계를 받았다. 그리고 이틀 뒤 딸 규리는 도쿄한국학교에, 아들 석준이는 하타시로 유치원에 입학시켰다.

1985.4.5.
도쿄에서 유치원 입학한 아들
(하츠다이 라이언즈 맨션 앞)

도쿄사무소 근무를 시작하면서 선배 주재원들이 쌓아 놓은 치적에 본사와 지방 근무에서 축적된 나의 경험을 사무소 경영에 접목시키고 싶었다.

우선 사무소 활동 영역을 확대해야 하겠다는 생각에 본부에 인력 증원과 예산 지원을 요청해 허락을 받았다. 본부의 도움으로 인력 4명을 보강해 총 10명의 가족으로 본격적으로 업무를 시작했다.

주재원 근무 5년이 지나자 2명의 사장이 교체되었다. 차기 주재원에게 인수인계를 제대로 하기 위해 나는 2년을 더 머무를 수밖에 없게 되었다.

1994년 2월 26일 도쿄 주재 특파원, 지점장 골프 모임

7년간 삼성전관 도쿄사무소 지점장으로 일하면서 난 일본 선진기술의 벤치마킹을 통해 PDP, 휴대폰 배터리, 컬러 필터, LCD 사업에서 삼성이 성장의 초석을 세우는 데 일조를 했다. 이러한 사실에 사무소 직원들은 큰 자부심을 가질 수 있었다.

1987년 이건희 회장님의 취임 당시, 삼성은 국내 선두권 기업일 뿐 세계 시장에선 존재감을 찾기 어려워 전혀 주목을 받지 못하고 있었다. 일본에서도 소니, 도시바, 히타치 같은 전자기업들을 벤치마킹하기에 급급하던 때였다.

1993년 6월 이건희 회장님은 독일 프랑크푸르트에서 양보다 질을 핵심가치로 내세운 신 경영 선언을 했다. 양이 아닌 질을 신 경영의 핵심가치로 내세웠다. 그때까지의 삼성은 양적 신장

1990년 1월 2일 1기 주재원들과 현지 직원(김여수, 와타나베)

만을 가치로 여기는 조직이었다. 제품과 서비스, 사람과 경영의 질 신장을 위해서라면 양을 희생시켜도 좋고, 필요하다면 공장이나 라인의 생산을 중단해도 좋다고까지 했다.

이건희 회장님의 신 경영 선언은 도쿄에서 보다 구체화되며 실천에 옮겼다. 전 세계 주재원들을 일본에 모아 놓고 삼성 구성원들의 변신을 요구하고 국민에게도 삼성의 변화를 약속했다. 이미 덩치가 커진 삼성이 과연 제대로 바뀔 수 있을지 기대 반 우려 반의 시선이 있었던 것이 사실이었다.

"마누라와 자식만 빼고 모든 걸 바꾸자!"라는 이건희 회장님의 구호를 가슴에 품고 우리는 소니와 NEC 등 일본가전업체들을 벤치마킹하며 새로운 가치창조에 발 벗고 나섰다.

도쿄 주재 생활을 하면서 나는 일본 기업에 많은 감탄을 했다. 일본은 제조기술과 첨단장비를 가진 100년 역사의 기업만 해도 3,600개나 있다. 하지만 우리나라는 100년이 넘는 제조사가 2개밖에 되지 않는다.

그러나 10년이 지난 후 많은 것이 달라졌다. 삼성전자는 만개했고 소니, 마쓰시타, 산요 등 일본 주요 전자업체에선 삼성전자의 경영을 배우기 위한 열풍이 벌어졌다.

많은 대기업들이 금융위기에 분리 해체되는 어려움을 겪었지만 삼성은 이건희 회장님의 강력한 리더십과 신 경영으로 단행해 외국 투자자들이 선호하는 기업으로 탈바꿈했다.

일본 기업에는 이건희 회장님과 같은 강력한 리더십을 가진 경영자가 없다. 삼성의 오너 경영(책임 경영)에서 이루어지는 빠른 의사 결정, 적기 투자를 일본 기업에서는 찾아볼 수 없다. 일본 기업들은 의사결정이 더디고 책임 경영체제가 미흡하다 보니 중요한 투자를 놓치곤 했다. 연공서열 위주의 기업경영은 일본 기업의 경쟁력을 크게 약화시켜 일본의 미래를 빼앗았다.

이건희 회장님은 경영학을 전공했지만 기계에 정통하고 테크놀로지 사업에 대한 이해도가 높았다. 게다가 문화예술에 대한 조예도 깊다. 이처럼 통합적 사고가 가능했기에 미래에 대한 선견지명의 결단을 내릴 수 있었다. 많은 리스크에도 불구하고 성장분야에 경영자원을 선택과 집중할 수 있었던 것도 그의 특별한 결단력 덕분이었다.

선대부터 내려온 사업보국의 이념과 이건희 회장님 특유의 조직 관리와 성과급 위주의 인사체계 덕분에 삼성은 세계적 기업으로 거듭날 수 있었다.

이후에도 삼성은 글로벌 기업으로 잘나갔음에도 안주하지 않고 창조적 파괴를 통해 혁신을 멈추지 않았다. 역대 최고의 경영실적을 구가하고 있으면서도 신 사업 개척에 적극 나서고 있는 게 좋은 사례이다.

한 기업의 몰락은 안도하는 순간 빠르게 이뤄지는 법이다. 피처폰의 제왕 노키아가, 사진 필름의 대명사 코닥이 쉽게 무너진 이유는 한 우물만 파면서 혁신을 게을리해서였다. 재빨리 포트폴리오 전환을 하지 않으면 금세 몰락할 수 있는 속도의 시대에 삼성이 계속 1위 기업을 고수할 수 있었던 것은 세계 유수 기업의 실패 사례를 반면교사로 삼을 수 있었기 때문이다.

지금 삼성그룹의 일본 지사는 예전과 달리 많이 약화되었다. 1992년 한중 수교로 본격적인 중국진출이 시작되면서 대중국 루트가 강화된 까닭이다. 1996년부터 삼성SDI는 심천, 천진, 말레이시아, 브라질, 독일 등 글로벌 거점에 공장을 지으면서 2005년까지는 전성기를 이뤘으나 브라운관 시대의 쇠퇴로 지금은 완전히 전지 회사로 변모했다.

나의 젊음과 열정이 녹아 있는 삼성전관 도쿄사무소는 삼성전자를 중심으로 하는 일본 삼성의 총괄 법인이 되면서 이름조차 사라졌다가 20년 만에 다시 삼성SDI Japan이란 명칭으로 명맥을 유지하고 있다. 예전보다 크게 축소된 규모와 업무 영역에 안타까운 마음이 크지만 삼성을 그만두고 10년이 지난 지금도 옛 도쿄 주재원들을 인생의 동반자로 자주 만나고 있다. 그들은 내 생에 있어 탄탄한 인적 네트워크가 되어 왔고 앞으로도 그렇게 될 것이다.

삼성 도쿄 ROTCian모임

삼성SDI Japan Club(SJC)

아들딸들을 위한 아빠의 멘토링

Q: 회사, 즉 조직이 과연 개인인 나에게 어떤 의미를 지녀야 할까요?

A: **내가 속한 회사가 나의 정체성이라고 생각해야 합니다.**

우린 고립된 존재가 아니기에, 자신이 속한 사회가 원하고 요구하는 것들을 어느 정도 수렴해야 합니다. 나를 둘러싼 사람들, 환경, 조직과의 관계 속에서 나란 사람의 정체성도, 자리도 정해집니다. 우리는 어디까지나 개인인 동시에 집단의 구성원입니다.

사회인이 되고 나서 보다 민감해져야 할 부분이 바로 '언어'입니다. 어떤 조직이든 그곳에서 공유하는 언어가 있습니다. 일을 하다 보면 그 업계나 회사, 혹은 부서만의 독특한 언어 사용법이나 용어가 있음을 알게 될 것입니다. 전문 용어라면 그러려니 하겠지만, 일상적으로 사용하는 용어조차 집단의 특성과 문화에 따라 달라지기 때문에 특히 주의할 필요가 있습니다. 그렇지 않으면 제대로 소통이 이루어지지 않고, 조직의 문화에도 적응하기가 쉽지 않습니다.

조직의 언어와 문화를 체득하면서 내가 속한 회사가 나를 나타내는 주요 매개물이 될 때가 많아지게 됩니다. 조직원으로서의 이미지가 회사의 이미지를 좌우할 때도 많습니다. 삼성 직원인 나의 언행이 삼성이라는 기업의 수준을 나타낼 수 있기 때문에 함부로 행동할 수가 없을 것입니다.

최장수
도쿄 지사장

"남을 움직이게 하려면 나 자신을 움직여라.
세상을 움직이려면 일단 나 자신부터 움직여야 한다."
- 워렌 버핏 -

주재원 생활 5년 차에 새 사장님께서 삼성전관 사장님으로
오셔서 해외진출을 새로운 프로젝트로 설정해 2년간 적극적으
로 추진하셨다. 이러는 동안 시간이 흘러 나의 일본 생활은 7년
째를 맞이하게 되었다.

개인적으로는 임원으로 승진하는 것을 계획하던 중이었고 아
이들도 귀국하여 새로운 교육환경인 미국 유학을 준비하고 있
었기에 사장님께 나의 거취를 상의 드렸다. 경청하시던 사장님
께서는 주재생활이 너무 길면 나태해질 수 있으니 1995년 말경
귀국할 수 있도록 준비를 지시하셨다. 후임자까지 인선해 주었
다. 귀국하면 연말 인사에선 본사 구매담당 임원으로 승진할

수 있도록 관계자에게 전화로 지시까지 해주셨다.

　그런데 사장이 새로운 자리로 옮기게 되었다. 변수는 생겼지만 나는 그다지 걱정하지는 않았다. 이 변수가 조직에 대한 회의감을 불러온 단초가 될 줄은 그땐 전혀 몰랐다.

　1995년 11월 12일 일요일, 전·후임사장 두 분이 도쿄에 왔다. 아침에는 전 사장을, 오후에는 신임사장을 마중 나갔다. 나리타 공항에서 신임 사장을 모시고 이동을 하는 도중에 사장이 나를 보고 "몇 년이나 됐어?"라고 물었다.

　7년 됐다고 말씀드린 후, "이전 사장님이 귀국명령을 지시하셨고 후임자도 결정되어 있습니다."라고 말씀드렸다. 그런데 대뜸 신임사장이 일본이 중요하니 당분간 귀국하지 말고 주재 기간을 연장하라고 말을 했다.

　아연한 기분이 들었다. 그래서 나는 이미 7년이나 되었고 후임자도 결정되어 있으니 귀임하게 해달라고 부탁했지만 이제부터는 대표이사인 본인 지시를 따르라고 강하게 얘기하셨다.

　인수인계를 위해 일본 현지 도쿄사무소 현안에 대해 보고를 했다. 그날 저녁, 두 분 사장을 모시고 함께 식사를 했다. 신임 사장의 지시를 전임사장께 보고 드리면서 귀임할 수 있도록 도와달라고 부탁했다. 이후 술자리에서 전임사장이 나에게 자리를 잠시 비키라고 했다. 내 귀국 문제를 얘기하기 위한 배려가 아닐까 생각했다. 그런데 자리가 파하고 전임사장을 호텔로 모셔준 후 신임사장을 숙소로 모시고 왔을 때 그가 내게 조금 더 강한 어조로 도쿄 근무를 연장하라고 했다. 불쾌하면서도 의아했다. 대체 그 이유라도 알고 싶다며 질문했지만 신임사장은 시키면 시키는 대로 할 것이지 무슨 말이 많냐고 나를 강하게 나무랐다.

전·후임 사장 사이에 알력이 있었는지는 잘 모르겠다. 하지만 나는 이미 7년 동안 주재 일을 해 귀국 시점을 넘겼다고 말했음에도 불구하고 무턱대고 과제를 내 줄 테니 2년을 더 남으라고 말하는 신임사장의 지시가 야속하고 부당하게만 느껴졌다. 이미 자리까지 약속받은 상태에서 주재 생활을 연장해서 하라는 신임사장의 저의가 궁금하기만 했다.

새벽 3시까지 설전을 벌이다가 집으로 돌아오니까 걱정스러운 표정으로 아내가 나를 맞이했다. 생전 이렇게 늦었던 적이 없었던 남편의 입에서 나온 한마디에 아내는 뭔가를 짐작한 듯 잔소리조차 하지 못했다.

"나 이제 삼성 그만둬야 할 것 같다."

내가 얼마나 삼성을 위해 헌신했고, 삼성을 자랑스러워하는지를 알고 있는 아내는 긴장과 실망된 모습으로 말없이 나를 바라보았다.

1996년 1월 1일 새해가 밝고 1월 4일 시무식을 마친 직후 신임사장으로부터 본인이 지시한 과제를 왜 이행하지 않느냐는 질책성 전화를 받았다. 하지만 나는 더 이상 도쿄에 남아 있기를 원치 않으며 원래 일정대로 3월 31일 귀국하겠다고 당당하게 말했다. 40여 분간의 국제전화를 하면서 도쿄 주재원 모두가 보는 앞에서 정당한 반기를 들었다. 전임사장의 지시까지 무시해버리는 사람의 태도를 이해할 수 없다며 물러서지 않았다.

이미 나는 삼성전관을 그만두겠다고 마음먹었다. 답답한 마음에 평소 왕래가 있던 H전자 사장 J선배를 만나 상의했다. 내 하소연을 듣던 J선배가 회사의 전자부문을 키우려고 하는데 임원 자리 하나가 비어있다며 내가 원하기만 하면 자리를 마련해 주겠노라고 말했다.

머뭇거리다가 신임사장으로 인해 마음에 상처를 많이 입었기 때문에 새로운 자리를 부탁하고 돌아왔다.

2월 초 인사담당 상무에게서 갑자기 연락이 왔다. 가장 빨리 귀국할 수 있는 일정을 정해서 귀국하라는 사장의 지시를 전해 주면서 왜 사장과 각을 세우냐고 질타했다. 하지만 나는 흔들림 없는 목소리로 예정대로 7년 주재가 끝나는 3월 31일에 귀국할 것이라고 강하게 말했다. 그리고 정말로 3월 말에 나는 귀국했다.

사표를 주머니 속에 품은 채 회사로 들어간 나는 동기 이사를 만났다. 동기 이사와 저녁 술자리를 하면서 사표를 쓰겠다는 비장한 각오를 밝혔다. 그는 나를 설득하기 시작했다. 하지만 나는 솔직히 나를 무시하며 몰아세웠던 신임사장에 대한 배신감과 분함에 동기 이사의 말을 경청할 수가 없었다.

최장수 도쿄 지사장에서 갑자기 내가 다른 회사로 전직을 고려해야 하는 처지에 내몰릴 거라고는 한 번도 생각해 본 적이 없었다. 신임사장 같은 분을 조직의 수장으로 뽑은 그룹 인사에 대한 실망감과 배신감도 없지 않았다. 이 삐걱거리는 귀임 갈등이 삼성 조직 생활 중 처음으로 맞는 역경이었지만 나를 더욱 단련시키는 계기도 되었다.

아들딸들을 위한 아빠의 멘토링

Q: 조직 내 사내 정치에서 밀려나는 것이 두렵고 혹시나 나를 넘는 이가 있는
지 감시하고 두려워하기도 합니다. 어떤 것이 좋은 사내정치인지 나쁜 사
내정치인지 알고 싶습니다.

A: 경영은 정치입니다. 올바른 정치란 명분을 유지하면서 사람으로부터 인정
받은 중요한 가치를 추구하는 것입니다. 경영 역시 그래야겠지요?

"사람들을 대할 때는 논리적이 아닌 감정적인 동물과 상대하는 것임
을 항상 기억하라."는 데일 카네기의 말처럼 사람들은 태생부터 정치
적입니다.

사내정치가 단기적으로 효율적일 때도 있습니다. 예상치 못한 일에
대한 해결책을 빨리 내놓는 데 사내정치가 도움을 줄 수 있습니다. 사
내정치는 사람들 간의 끈끈한 유대관계를 형성하기도 합니다. 언젠가
는 큰 도움이 될 수 있습니다. 직장 동료, 주요 고객, 상관들과 좋은
관계를 유지하면 중대한 프로젝트를 따내는 데 도움이 되고, 힘든 일
을 직면했을 때 지원을 받을 수 있으며, 좋은 성과와 평가를 받을 수
도 있습니다.

그렇지만 명심해야 할 점은 장기적으로 사내정치는 조직에 해가 된다
는 점입니다. 모든 사람들이 사내정치를 통한 아부를 받고 싶어 하지
는 않습니다. 기업은 직원과 고객에게 인정받은 기업 가치를 추구하
면서 '지속성장'과 '직원복리'라는 명분을 유지해야 합니다. 이런 명분
과 가치를 저해한다면 그 사내정치는 나쁜 정치고, 사라져한 마땅한
구습입니다.

이곳은 너의 피와 땀이 스며든 삶의 터전이야

"겁이 없구먼. 그래. 왜 이런 제안을 하게 됐지?"

"그건⋯⋯. 우리 회사이기 때문입니다."

- 드라마 미생 中 장그래 대사 -

사표를 내려고 마음을 먹었던 나를 다시 고민하게 만든 것은 친구의 말 한마디 때문이었다. 사직서를 품고 다니던 나를 설득하다가 P가 욱하는 감정에서 내뱉은 말이 결국 나를 울리고야 말았다.

"야, 인마! 이곳은 너의 피와 땀이 스며든 삶의 터전이야. 끝까지 남아서 지켜내야 할 회사야!"

그 한마디의 설득에 코끝이 찡해지고 가슴이 벅차올랐다. 결국 나는 사퇴하려는 결심을 접었다. 다음 날 나를 기다리던 J선배에게 찾아가 그동안의 과정을 설명하며 약속 철회에 대한 사죄의 마음을 전했다. 선배님은 껄껄 웃으며 "그러니까 도쿄 있을 때 사표를 던지라고 했잖아?"라고 말씀해 주시며 나의 선택에 격려를 해주었다. 오늘의 내가 있게 된 이유가 이런 고마운 분들 때문이라 생각하니 저절로 "선배님"이란 소리가 터져 나왔다.

1996년 3월 31일 삼성전관 도쿄 사무소장 직무를 마치고 7년 만에 귀임했다. 5월 10일 일본 가기 전에 살았던 목동 집으로 들어왔다. 규리와 석준이는 신목중학교 2학년과 1학년으로 각각 입학했다.

도쿄에 장기 체류하면서 가장 마음에 걸렸던 문제가 바로 아이들의 학업이었다. 사실 나는 아이들을 더 큰 세상으로 내보내고 싶은 생각이 있었다. 사실 도쿄에 주재한 지 6년 되는 시점에 초등학교 5학년과 6학년이 된 아이들을 여름방학을 이용하여 미국 시카고에 있는 처형의 집으로 보낸 적이 있었다. 아이들의 반응을 살펴보기 위해서였다. 사실 아이들이 좋아하지 않으면 굳이 무리수를 쓰면서까지 유학을 보내고 싶지는 않았다.

하지만 어릴 때 도쿄에 와서 금방 잘 적응하는 독립적인 성향을 가진 아이들인지라 미국에서도 잘 지내리라는 기대가 컸다. 두 달 동안 신나게 미국에서 놀다 온 아이들은 미국에서 제대로 공부하고 싶다며 나와 아내를 조르기 시작했다. 한국 귀국 후 바로 아이들의 미국 유학을 결정하기로 했다.

귀국하자마자 운 좋게도 미국 초청장이 나왔다. 1986년 10

월 부산공장에서 근무할 때 처형이 보낸 미국 이민 초청이 마치 짜 맞춘 것처럼 귀국하자마자 10년 만에 나왔던 것이다.

1998년 7월 18일 집사람과 아이들을 미국에 보냈다. 아내가 아이들 뒷바라지를 위하여 함께 출국하는 바람에 졸지에 '기러기 아빠'가 되었다. 아이들은 물론 아내 역시 나와 함께 미국에 가기를 원했다. 하지만 염원이었던 삼성 임원이 되었으며 그래서 앞으로 해야 할 일이 많기 때문에 한국에 남아 있어야 한다며 가족을 설득했다.

예정보다는 다소 늦어졌지만 나는 1997년 12월 삼성전관 임원으로 승진했다.

1997년 IMF가 터졌다. 아이러니하게도 이 국난이 지옥으로 떨어질 뻔했던 나를 더욱 강하게 단련시키며 기회를 만들어 주었다. 인생지사 새옹지마라는 말이 맞는 것 같았다. 1998년 당시 임원 45명 중 30%인 15명이 정리해고를 당했는데 내게는 갓 임원이 된 사람은 자를 수가 없어 나는 그 감원의 칼바람을 피할 수 있었다. 늦은 임원 승진이 전화위복이 된 셈이었다.

1998년 7월 18일 가족들이 시카고로 떠났다. 그리고 삼성전관 VFD 사업부장(제조, 판매, 사업장 총괄)이 되었다.

VFD는 진공관 기술을 응용한 전자표시소자로 전자레인지, VCR, 오디오, 에어컨, 전자저울, 자동차 계기판 등의 작동상태를 표시해주는 디스플레이 장치다. 1995년 VFD 사업부는 5

백억 원 매출에 2백억 원 적자라는 최악의 손실을 기록하여 퇴출 1순위 사업으로 지목되고 있었다. 7년간 일본 주재를 마치고 온 나에게 그런 어려운 임무를 맡긴 이유가 뭘까? 나중에 알고 보니 사장에게 나를 강력하게 천거했던 이는 동기 이사였다. 그는 적자 사업을 맡는 것을 내심 마땅치 않게 생각했던 나를 끈질기게 설득했다.

친구는 VFD산업 기술을 보유하고 있는 일본을 상대로 경쟁하기 위해서는 일본통이 필요하다고 판단한 것 같다. 사업을 회복시키고 싶었던 친구의 설득에 굴복한 나는 1년 반 동안 엄청 고생을 했다.

세계를 상대로 경쟁해야 하는 사업 책임자로서 막중한 책임

VFD 사업팀 Q1인증 획득 기념식

감을 느끼면서 VFD사업 성장을 위해 나의 모든 것을 투신하기로 결심하고 실천에 옮기기 시작했다.

솔직히 성공에 대한 부담은 매우 컸다. VFD 전략에 대한 나와 상층부의 다른 생각이 종종 어려움과 갈등을 유발케 했으나 묵묵히 내 소신대로 밀고 나갔다. 자신감과 소신을 갖고 일하는 사람이 승리자가 된다는 것을 잘 알고 있었기 때문이다.

그러던 어느날 말 그대로 나에게 마른하늘에 날벼락이 쳤다. 1998년 11월에 미주 해외출장을 마치고 돌아왔더니 급여가 가압류된 상태였다. 형님 사업의 연대보증을 서 준 것이 잘못되었던 것이었다. 이때부터 악몽 같은 1년 6개월이 시작되었다. 미국에 있는 아내의 입에서 '이혼'통보를 처음 들었던 아찔한

1997년 싱가포르 첫 출장시 말레이시아 주재 여희규 과장, 도쿄 김여수 과장과 함께

순간도 맞았다. 회사 일에 영향을 끼치지 않으면서 문제 해결을 위해 동분서주하며 분주한 나날을 보냈다. 은행 채권관리단을 찾아다니며 노력한 끝에 채무액 30억 원의 30% 선에서 협의할 수 있었다. 그때 시세로 아파트 3채 값을 날려버린 셈이다. 악착같이 저축하며 믿어준 아내 덕에 2년도 채 못 돼 모든 것을 변제할 수 있었다.

1999년 12월 삼성전관이 SDI로 사명을 변경했다. VFD 사업팀은 생산성을 높이는 작업에 착수하고 물류혁신을 추진, 공정 리드타임을 10일에서 3.5일로, 수주·출하 간 리드타임은 12주에서 3주로 각각 단축시켰다.

신제품 개발과 새로운 시장 발굴에도 성공해 형광체를 적용한 제품을 출하했고, 구동회로가 내장된 IC칩을 장착한 제품을 개발, 포드 등 미국 자동차업체 Big 3는 물론 소니, 도시바,

센강을 배경으로 나상원 대표와 함께(1999년 VFD 사업부장 시절)

아이와, 파이오니아 등 대형 일본전자업체 20개 사와 필립스, 톰슨 등 유럽 업체에 공급하는 성과를 거뒀다. 이러한 결과 국내 전자업체는 일본제품의 수입 대체 성과를 거두며 세계 시장을 무대로 크게 활약하는 계기가 되었다. 이때가 아마도 내 인생의 최고의 전성기였다고 생각한다. 지금도 VFD 사업을 같이 했던 직원들과는 Very Fine Club(VFC)을 결성해서 인생의 동반자 관계로 꾸준하게 만나고 있다.

일본 업체로부터 OEM(주문자 상표부착생산)주문을 받는 데서 시작했지만 기술종주국을 뛰어넘는 성과를 낸 점에서 아주 의미가 컸다. 사업이 잘되면서 상복도 터졌다. 2002년 37회 무역의 날에 대통령 산업포장을 받았다. 회사 일이 잘 풀리면서 가정도 원만하게 흘러갔다. 아내와 아이들의 미국 생활도 순조

삼성 VFD 영업직원들(VFC)

로웠고, 부모로서 기분 좋은 일도 생겼다. 무사히 LivertyVill 하이스쿨을 졸업한 규리가 2002년 시카고 일리노이 대학에 입학했고, 석준이는 2003년 디트로이트 미시간 앤아버 대학에 입학했다.

2002년 7월 19일 한국경제 신문에 VFD가 효자사업으로 변신했다는 보도가 실렸다. 적자누적으로 사업퇴출 위기까지 몰렸던 삼성SDI의 VFD(형광표시관) 사업부가 세계 1위를 넘보며 연간 5백억 원의 이익(25% 이익)을 내는 대변신에 성공했다는 내용이었다.

오랫동안 절치부심하고 노력했던 결과들이 눈에 보이게 이뤄지자 내심 기뻤다. 하지만 호사다마의 의미를 되새기면서 행동을 조심하고 더욱 겸손하려고 노력했다.

2002년 11월 대통령 산업포장 수상 후 기념사진

평상심이야말로 삶의 균형을 잡아주고, 한결같이 경쟁력을 유지해주는 미덕이라고 생각한다. 이런 평상심을 통해 한때의 영광이나 성공이 내 삶의 최종 목표가 아니며 실패나 몰락 또한 일시적이라는 것을 마음에 되새길 수 있었다. 마주하는 삶에 일희일비하지 않는 평상심의 유지가 나에게 미래 도전의 원동력을 주었다.

2002년
한국경제신문에 났던 기사

아들딸들을 위한 아빠의 멘토링

Q: 조직의 리더로서 조직원들과 제대로 된 소통을 하고 싶습니다. 하지만 결코 쉬운 일이 아니더군요. 그들과 잘 소통하기 위해서 가장 먼저 해야 하는 일이 뭘까요?

A: 좀 낡은 듯해도 변함없는 가치를 '클래식'이라고 한다면 '경청'이야말로 소통을 위한 가장 클래식한 방법이라 할 수 있습니다.

'경청'은 눈과 귀와 마음을 다해 주의하고 힘을 들이고 정성을 다하여 듣는다는 의미입니다. '경청한다.'는 것은 눈과 귀와 마음을 융합하여 상대방과 통한다는 뜻입니다. 경청이란 단순한 말하기 기술을 넘어선 진정성 있는 소통을 대변합니다. 자신보다 상대방을 돋보이게 하는 '자세'와 속내를 털어놓게 만드는 깊은 '공감', 그리고 핵심을 간파하는 적절한 '질문'이 어떤 상대도 단숨에 사로잡을 수 있었던 비결이라 할 수 있습니다.

이병철 회장님이 생전에 계열사 사장들을 호출한 뒤 꺼내는 첫 마디는 항상 "이야기해 봐라."였다고 합니다. '이야기해 봐라'라는 여섯 글자에 숨어 있는 속뜻은 계열사 사장 또는 임원들이 자신이 속해 있는 조직에서 이뤄지고 있는 상황에 대해 정확히 알고 있는가를 묻는 것이었을 겁니다. 설명을 듣고 나면 다시 "왜 그런가?", "그럼 어떻게 할 것인가?"라는 질문이 이어졌고, "그것만 하면 다 되냐?"며 마지막으로 다시 물었습니다.

자신이 하고 싶은 말을 참고 상대방의 말을 잘 듣는다는 것은 상당한 훈련이 아니면 어려운 일이므로 상대방의 말을 잘 듣는 것이 비즈니스에서 가장 중요한 덕목임을 강조했던 것입니다.

셋

실행하라,
마치 리더처럼

리더의 품격에
대하여

"경영자는 직원들의 행복을 항상 염두에 두고 있어야만 한다.
직원들이 성장하기 바라며 애정을 가지고 지도해야 한다."
- 이나모리 가즈오 -

　정상에 오르는 치열한 과정이 인생에서 가장 의미 있고 아름다운 시간이라고 생각한다. 그래서 나는 한 조직의 수장이 된 사람들이 늘 존경스럽다. 그러나 가끔은 리더라고 해서 모두가 존경스러운 사람이 아닐 때도 있다. 리더의 품격을 제대로 갖추지 못한 사람들을 볼 때면 오히려 더 큰 실망감을 느끼기도 한다.

　최근 대기업 임원들의 도덕성을 질타하는 목소리가 높아지고 있다. 하청업체나 직원들에 대한 '갑질 논란'으로 국내 기업 또는 기업의 오너들이 질타를 종종 받는다.

　이제는 자신이 앉은 자리를 남용하여 갑질을 하는 사람들에 대한 엄중한 시선들이 있다는 것을 깨닫고 스스로의 품격을 훼손하는 일은 하지 말아야 한다.

내가 본 이병철 회장님처럼 어느 분야에 일가를 이룬 탁월한 사람들은 일관된 공통점들을 갖고 있다.

그들은 불변의 목표를 가지고 있다. 흔들림 없이 직진할 수 있는 목표를 설정할 수 있다는 자체가 부러울 따름이다.

전방위적인 지식을 갖고 있다. 해박한 지식으로 자신이 정한 목표에 다가가는 방법과 전략을 부지런히 찾아나간다. 리더는 직감에 의존하거나 매너리즘에 빠지면 안 되는데 그 원천에는 높은 호기심이 있는 것 같다. 탁월한 리더들은 변화를 주시하고 항상 배우려는 습관을 가진 사람이다.

시장의 니즈에 대한 안목이 탁월하다. 그 눈은 남들이 감히 보지 못하는 것들을 본다.

불가능한 것을 이뤄낸다. 불가능하다고 생각하는 고정관념 자체를 깨부수는 전율을 느끼게 해준다.

하루를 완벽하게 제어한다. 그들은 대단히 계획적이며 절제미가 탁월하다. 늘 철두철미하게 시간을 정복한다. 나만의 경쟁력은 자기도 모르게 흘려보내기 쉬운 틈새 시간, 이동시간에 있다. 유능한 사람들은 그런 시간을 유용하게 이용한다. 헛되이 쓰지 않는다. 그런 탁월한 시간관리 능력으로 하루 만에 도저히 할 수 없는 일들도 몇 시간 만에 해내곤 한다.

극도의 몰입으로 시간에 구애받지 않고 맡은 일을 제시간에 처리한다. 그 와중에도 감탄스러운 것은 그들이 뛰어난 집중력을 발휘하면서도 자신이 스스로 무슨 일을 해야 할지 정확하게 알고 있다는 사실이다. 그들은 자투리 시간까지 완벽하게 통제한다.

솔직히 시키는 일만 하는 사람은 임원이나 훌륭한 리더가 되기 힘들다. 어떤 상황을 해결하기 위해서 오랜 시간 지독한 사색과 고민의 결과물이 우연한 현상들을 보았을 때 나타나 현상과 겹쳐져 창조적인 것을 만든다.

미국의 교육학자 윌리엄스 워드가 남긴 명언이 있다.

"평범한 교사는 지시한다. 좋은 교사는 설명한다. 뛰어난 교사는 모범이 된다. 위대한 교사는 마음에 불을 붙인다."

진짜 리더는 자신 안의 잠재력을 발현시킬 영감을 불어넣는 역할을 한다. 지시하지도, 설명하지도 않는다. 그냥 모범이 되면 된다. CEO가 되어서 직원들을 일사불란하게 움직이려면 먼저 마음부터 일심불란하게 만들 필요가 있다. 놀라운 실적, 직업 만족도, 개인의 성공을 이끄는 리더는 그 존재만으로도 이미 가슴을 불끈거리게 만드는 비전을 개인들에게 불어넣는 사람이다.

유능한 경영자는 사실 보스가 아니라 리더여야 한다. 무작정 따르라고 해서 직원들을 따르게 하는 것이 아니라 이론과 실무를 겸비하고 직원들을 설득시키고 이해시키면서, 최종적으로 감동시켜서 일하도록 만든다.

'업業'의 개념을 이해하고 비전을 제시해야 한다. 리더가 업의 개념을 이해하지 못하고 있는데 자신의 조직원을 설득시킬 수 있다는 생각 자체는 엄청난 오만이다.

자신이 하는 업무에 어떠한 의미가 생기는 것은 매우 중요하다. 일의 의미는 본인이 부여하기 나름이다. '일단 해보자!'라는 마음에서 출발하여 그 일이 좋아지고 결국 잘하게 된다.

내가 아닌 나라와 세계에 대한 생각까지 가진 리더들은 정말 거시적으로 경영을 한다.

이병철 회장님의 사업 마인드에는 '보국' 개념이 강했다. 자기 자신과 가족들이 먹을 입만 생각하고 일하는 것은 비천한 것이라고 했다. 돈이나 명예를 위해서가 아니라 국민과 나라를 위해 일하는 사람들이라는 자존감은 자신에 대한 업에 대해 새로운 의미를 부여했다.

지금은 연결과 공유의 시대이다. 다른 이들과 뭔가를 나누고, 돕지 않으면 안 되는 시대다. 대기업은 중소기업이나 협력업체, 고객과 사회와 동반성장해야 한다. 높은 사회적 신분에 상응하는 도덕적 의무인 '노블레스 오블리주' 정신으로 여전히 사회 저변에 뿌리 내리고 있는 갑질의 뿌리를 뽑아야 한다.

아들딸들을 위한 아빠의 멘토링

Q: 존경받는 상사는 부하를 어떻게 리드해야 할까요? 덕으로 다스려야 할까요? 아니면 스파르타식으로 대하고 지시하여야 할까요?

A: 상사는 부하를 키우는 사람이기도 하지만 부하에 의해 키워지는 사람이기도 합니다. 그렇다면 어떻게 해야 할까요?

부하의 장점을 봐야 합니다. 부하의 장래에 관심을 가지는 상사가 돼야 합니다. 부하의 불만을 경청할 줄 알아야 합니다. 젊은 세대를 이해하기 위해 공부해야 하고, 부하에게 명령이 아니라 부탁을 해야 합니다. 나에 대한 것이든 조직에 대한 것이든 허용할 수 있는 범위에서는 정보를 오픈해야 합니다. 늘 감사의 마음을 전할 줄 알아야 합니다. 부하의 이름 정도는 풀네임을 기억해야 합니다. 이것은 배려가 아니라 의무입니다. 부하에게 상사인 내 따뜻한 말 한마디가 모티베이션이 될 수 있다는 것을 알아야 합니다.

지도하는 대신 그들의 질문에 대답해야 합니다. 정답부터 가르치는 일을 멈춰야 합니다. 오답이라도 왜 그런지를 알게 하는 기회를 선사해야 합니다. 그들이 작게 나눠 달성케 하고, 그들이 평가기준을 알기 쉽도록 만들어야 합니다. 늘 아이콘택트를 해야 합니다. 부하를 위해 내가 무엇을 해줄까부터 생각할 줄 알아야 합니다.

확실한 성과를
내는 법

"사람에게 일을 시키는 방법은 하나,
바로 상대방이 바라는 것을 주는 일이다."
- 데일 카네기 -

사람이라면 누구나 태어나 한 번은 최고의 열정을 불태우는 시간을 갖는다. 내 일을 누구보다 열정적으로 사랑하는 동시에 최고의 대우를 받고 싶은 강렬한 열망을 누구나 갖고 있다.

처음부터 유능한 사람은 별로 없다. 하지만 시작은 같아도 끝은 엄연히 다른 경우가 많다. 그들이 삶의 목표를 대하고 임하는 태도가 엄청난 차이를 만들었다.

끝없는 목표 의식을 가진 사람들의 특징이 있다. 그들은 현재 자신이 가진 것에 만족하지 않는다. 지속적으로 목표를 업데이트한다. 목표를 상향조정하지 않고 현재의 모습에 만족했다면 그들의 결과는 갈채를 받지 못했을 것이다.

보통 직장인들은 자신의 발전을 위해 학업을 병행하고 싶어 한다. 하지만 직장 분위기나 시간부족으로 포기한다. 그러나 그건 핑계다. 분명한 목표를 세우고 어떻게 해서든지 학업을 병행해야 한다고 마음먹으면 길이 보인다. 목표가 분명하다면 시간은 얼마든지 만들 수 있다. 간단하다. 평소 즐겼던 여유를 포기하면 된다. 어떤 상황에서든 최선을 다하면 된다.

"중요한 것은 능률이 아니라 목표 달성 능력이다."라고 했던 피터 드러커의 말처럼 확실한 성과를 내는 사람들은 자기가 하는 일을 완벽하게 수행하는 단계를 넘어 스스로 목표를 정하고 이를 달성하는 방안을 찾는 특성을 갖고 있다. 예를 들어 삼성에 입사하는 것을 목표로 정해보니 부족함을 메우기 위해 준비하는 것과 같은 방안을 찾게 된다.

똑같이 일해도 성과가 다른 이유를 알고 싶다면 일하는 방식과 전략을 조용히 체크해 볼 필요가 있다. 야근에 철야를 불사한다고 해서 성과가 올라가는 것도 아니고, 든든한 '연줄'을 잡는 것도 해답이 아니다. 성과를 내기 위해서 '꼼수'를 써서도 안 된다. 아무리 수를 써도 그때만 반짝 결과가 좋아질 뿐, 결코 장기적인 성과로는 이어질 수 없다.

언제 어디서든 '정말 일 잘하는 사람, 성과를 기대해도 좋은 사람'이라는 평가를 얻으려면 오로지 일하는 자신만의 '전략'과 '방법'을 찾아 역량을 키워야 한다.

자신들의 업무효율에 민감하게 반응해야 한다. 알게 모르게 무시하고 있는 업무 비효율은 우리가 생각하는 것보다 훨씬 심각하게 조직의 생산성과 이익에 영향을 미친다.

직장은 '열심히' 하는 사람보다 '잘'하는 사람을 원한다. 일은 '노력의 무게'가 아니라 '결과물'로 증명되어야 한다. '노력의 무게'를 중심으로 일을 하다 보면 불필요한 업무를 하게 되고, 일에 끌려다니게 된다.

일을 제대로 해내는 것의 핵심은 두 가지이다. 일을 시킨 사람이 원하는 결과물을 사전에 제대로 파악하고, 원하는 시간에 끝내는 것! 일하는 시간이 길다고 업무를 잘하고 많이 하는 것이 아니다. 업무를 효율적으로 하지 못하는 사람들이 꼭 전기낭비를 하면서 회사에 머무르는 경우가 많다. 그런 생각에서 나도 신입사원 시절부터 정시 퇴근을 원칙으로 삼고 30년간 회사에서 정시 퇴근 후 그 이후 시간에 고객관리 및 개인 능력 개발을 위해 시간을 엄청나게 투자했으며, 삼성 퇴직 후 10년이 지난 현재도 퇴근시간을 정확히 정시로 정하고 있다.

계획보다 중요한 것은 실행이다

단순히 상상에 머무르지 않고 이를 곧바로 실행하는 능력이 필요하다. 불가능해 보이는 생각을 실제로 만들어 내보이는 것이 중요하다. 꿈 같은 목표, 즉 과감하고 파격적인 비전과 목표를 세울 때도 구체적인 계획이나 방법이 없더라도 먼저 가야 할 방향을 정하고, 도전적인 목표를 정하라는 것이다.

정보를 공유해 부가가치를 창출해야 한다

자기 일만 잘하는 사람은 '일을 잘하는' 사람이 아니다. 능력 있고 손이 빨라 맡은 일을 잘 처리하더라도 다른 사람의 일과 연결되지 않으면 성과로 이어지지 않는다. 일을 연결해서 보고, 연결해서 추진해야만 성과가 나온다. 리더도 마찬가지다. 리더는 조직 전체를 손바닥 보듯 훤히 보면서 팀이나 부서를 초월해 전체를 위해 뛸 수 있는 인재를 키우는 데 중점을 둬야 한다.

이제는 지식정보의 공유를 통해 집단지성으로 부가가치를 창출하는 시대다. 특출한 한두 사람 덕분에 조직이 잘되는 일은 거의 없다. 그래서 자신이 맡은 일뿐만 아니라 여러 분야를 두루 공부하고 이해하려는 노력이 필요하다. 이때 중요한 것은 얼마나 빨리 정보를 공유하고, 이해관계를 조정하고, 협력해서 성과를 개선하느냐다.

조직에서 일어나는 모든 일은 협력과 조력의 연속이다. 문제를 함께 고민하고 해결해 나가면서 최적점이나 최고점이라는 목표에 점점 가까이 다가가는 것이 업무다. 사람과 사람 사이에 정보 찾기와 정보 공유의 연속이기도 하다. 정보를 공개하지 않으면 경험 가치를 공유할 수 없고, 조직 내의 자원들이 제대로 활용되지 않는다. 인적 자원은 물론이고, 노하우나 경험 같은 무형의 자원도, 자료나 시설과 같은 유형의 자원들도 제 구실을 못한다.

안주하지 말고 변화해야 한다

독보적인 기술력을 갖추고도 파산한 코닥, 모토로라, 야후, 포드, 소니 등 좋은 기술과 우수한 인재, 첨단설비 등 성공할 수 있는 최고의 조건을 갖추고도 무너진 기업이 부지기수다. 한 가지가 없었기 때문이다. 악착같이 달려들어서 더 변화하려는 몸부림 말이다.

사람들의 뇌리에 박혀 잊히지 않는 결과물을 만드는 관건은 어떻게든 성공시키겠다는 일념이다.

삼성SDI는 1970년 설립 이래 디스플레이 사업에 주력해온 디스플레이 전문기업이었다. 브라운관 사업에 주력한 삼성SDI는 당시 방송의 시작과 TV의 폭발적인 보급 같은 시대 흐름에 발맞추어 빠른 속도로 성장할 수 있었다. 그러나 삼성SDI는 브라운관 생산에만 안주하지 않았고 1980년대 중반엔 차세대 디스플레이인 평판 디스플레이 기술 개발에 베팅한다. 과거 손목시계나 전자계산기용으로 여겨지던 LCD 기술을 휴대전화에 사용할 수 있는 컬러 LCD까지 개발해 사업화에 성공했고, 택시 미터기나 계기판 등에 사용되는 진공형광디스플레이VFD 분야에서도 세계 시장을 주름잡았다. TV 등 대형 디스플레이 분야에서는 PDP를 추진했다.

2004년 세계 브라운관 시장은 성장의 정점을 찍었고, 이후 디스플레이 시장은 FPD(Flat Panel · 평판패널) 시대로 급격히 전환되기 시작했다.

그러나 삼성SDI는 이 치열한 춘추전국시대에서도 살아남기 위해 한발 앞선 무기를 준비하고 있었다. 미래를 내다보고 수년 전부터 개발해온 AMOLED가 그것이다. 일본의 코닥에서 최초 개발한 AMOLED는 우수한 성능에도 불구하고 기술적인 난제를 극복하지 못한 채 일본 업체들이 양산을 포기한 제품이었다. 그러나 삼성SDI는 2007년 10월에 양산에 성공해 차세대 디스플레이 분야에서 새로운 시대를 열었다. 지금 삼성SDI는 세계적인 2차전지 전문업체로서 미래 자동차 배터리 사업에 총력을 기울이고 있으며 삼성DISPLAY와 통합된 이후 삼성전자의 핵심기술인 OLED 사업으로 세계를 재패하고 있다. 되돌아보면 2003년 구매본부장 시절 Y 사업부장, K 부장과 함께 일본 출장 후 AMOLED 양산 공장에 최초의 OLED 양산 설비 투자를 이끌어낸 역사적인 공이 있었다. 그러한 역사적인 공에 자긍심을 가지며 지금도 Y와 K와는 서로 간에 격려와 지지를 보여주는 인생 동반자의 관계를 유지하고 있다.

아들딸들을 위한 아빠의 멘토링

Q: '업계 1위', '매출액 갱신', '신제품 출시 성공' 등 여러 성공 경험들이 있습니다. 그런데 문제는 이런 성공의 정점을 찍은 뒤에는 아무래도 좀 안일해지는 것 같습니다. 가끔은 아무리 노력해도 예전만 못한 결과들이 나오기도 합니다. 그 이유는 무엇일까요?

A: **하루하루가 급변하는 시대에 정점을 찍었다는 이유만으로 자만해서는 안됩니다. 자칫 '서포모어 징크스'에 빠져 실패할 수 있습니다.**

영화계에는 '전편만 한 속편 없다.'는 말이 있습니다. 전편의 성공에 힘을 얻어 속편을 제작했다가 기대만큼 흥행하지 못한 경우에 쓰는 말입니다. 이런 현상을 '서포모어 징크스(sophomore jinx)' 또는 '2년생 징크스'라고 부릅니다. 서포모어(sophomore)는 대학교 또는 고등학교 2년 차를 가리키는 말입니다.

누구든 새로운 분야에 진출했을 때 1년 동안은 활력과 패기에 넘쳐 긴장을 풀지 않고 열심히 합니다. 하지만 2년 차에 접어들면 자신의 실력에 우쭐해져 어깨에 힘이 들어가거나 커져버린 주위의 기대를 부담스러워 해 결과가 부진해지는 경우가 많습니다.

주위에서는 잘한다는 이야기만 하고, 스스로도 그냥 하는 대로 적당히 해도 지금의 상황이 그대로 유지될 것 같은 착각을 하게 됩니다. 자만하면 안 된다고 생각하면서도 실제로는 자만하는 사람이나 기업, 국가들이 많습니다. 자만하면 실패하기 쉽습니다. 하지만 성공을 해도 자만하지 않듯이 실패해도 좌절하지 않는 마음가짐이 중요합니다. 실패해서 가장 밑바닥에 있는 때는 더 떨어질 확률보다 올라갈 수 있는 여지가 더 크기 때문입니다.

리더, 빅 픽처를 그리는 사람
– 삼성의 임원들

"가장 유능한 리더는 뛰어난 사람을 발굴하여
옆에 둘 수 있는 사람이다."
- 시어도어 루즈벨트 -

현재 삼성그룹을 진두 지휘하는 이재용 부회장과는 회의석상
이나 그 밖의 자리에서 3~4번 만난 적이 있었는데 만날 때마
다 항상 먼저 인사를 건네주었다. 자신의 조직에 있는 핵심인
력을 꿰고 있지 못하면 조직장악력이 떨어질 수밖에 없는데 그
런 면에서 이 부회장은 합격점을 받는 리더라고 할 수 했다.

이재용 부회장은 훤칠하고 반듯한 이미지에 소탈한 성품까지
지닌 사람이다. 그에게서 오너 경영자 특유의 특권의식이 별로
보이지 않는다. 내가 VFD 사업부장을 할 때 부산 현장을 시찰
한 적이 있는데 "이렇게 큰 이익을 내는 훌륭한 사업부가 있다
는 것을 처음 알았습니다. 정말 자랑스럽게 생각합니다."라고

말했다.

부드러우면서도 호방한 기질을 가진 이 부회장은 회식 장소에서도 폭탄주를 돌리며 임원들에게 친화력을 가지고 적극적 소통을 실천하는 사람이었다. 농담도 잘하고 스포츠에 대한 재능도 많아 대화의 샘이 마르지 않는 매력적인 남자였다.

서열 중심의 무거운 조직 문화를 갖고 있는 삼성에서 그의 조직지향적 리더십이 많은 사람의 관심대상이 되고 있는 것은 당연한 귀결이라고 생각한다. 요즘 이재용 부회장의 GE식 경영 행보에 국민들의 관심과 우려가 높아지고 있다.

"돈 안 되는 거 버려라."

"과감하게 잘라라."

"경쟁력 있는 것만 살려라."

하버드 비즈니스 스쿨에서 그가 수혈 받은 GE식 경영마인드를 삼성 경영에 본격적으로 접목시키고 있는 것이다.

나는 핵심사업을 중심으로 조직구조를 개편하려는 이재용 부회장의 행보를 부정적으로 보지 않는다. 경영자원을 이렇게 선택과 집중해야 미래 성장동력의 극대화가 가능하다.

이처럼 삼성의 중심에 자리하고 있는 이재용 부회장의 빅 픽처를 그리는 일은 그 무엇보다 중요하다. 이 부회장은 빅 픽처를 통해 언제나 삼성 구성원들에게 미래에 대한 비전과 꿈을 갖게 해야 하며 이를 실천에 옮겨야 한다. 이 부회장의 위치는 궁극적으로 숱한 결단의 순간과 씨름을 해야 하는 자리다. 개방화의 후폭풍이 날로 거세지는 상황에서 그의 결단의 과정은 무척 고통스러울 수밖에 없을 것이다. 최선의 선택을 위해 주위의 도움과 고뇌의 시간을 거치겠지만 최종적인 판단은 결국 이 부회장 자신 몫이다.

위기 극복 리더십의 본질은 예나 이제나 달라지지 않는다. 그 본질은 이 부회장이 삼성 구성원이 가진 잠재력을 일깨워 위기에 대처하는 힘으로 바꾸는 것이다. 삼성 구성원을 분발시켜 잠재력을 일깨우려면 지금처럼 이 부회장이 솔선수범하는 모습을 보여야 한다. 이 부회장의 리더십이 구성원의 팔로우십과 엇박자를 보이면 삼성호는 무사히 강을 건널 수 없기 때문이다.

삼성에 내재된 문제는 근본 원인을 찾아 핵심을 건드려야 그걸 풀 수 있다. 문제의 본질을 보지 못하고 지엽적 현상만을 보는 것, 근원처방보다 대증요법에 매달리는 것, 작은 이익 때문에 큰 이익을 보지 못하는 것은 삼성이 가장 경계해야 할 일이다. 이 부회장

2003년 구매본부장 시절 중국 성도 출장

을 직접적으로 보필하며 삼성을 이끌어 가는 사람은 바로 임원들이다. 이 부회장이 그리는 빅 픽처를 성공적으로 완성하려면 이 부회장의 리더십에 맞춰 삼성 임원들도 변화해야만 한다. 삼성 임원들의 임무와 역할이 여기에 있다.

삼성의 모습은 임원급에서 화려하게 발현된다. 기업에서 임원은 군대에서의 장군과 같은 존재인데, 삼성에서는 그 의미가 더욱 각별하다. 뛰어난 능력을 보여야만 임원의 대열에 오를 수 있다.

삼성은 CEO 재목을 입사 때부터 철저한 검증과 교육을 통해 발탁한다. 다른 기업 등에서 삼성인의 영업을 원하는 이유가 여기에 있다. 실제로 우리 사회 구석구석에서 삼성 인재가 중요한 역할을 하고 있음을 어렵지 않게 찾을 수 있다.

삼성이 원하는 우수인력의 스펙은 여타 기업들과는 좀 다르

구매본부 임직원들과 함께

다. 삼성 인력채용의 절대적 기준은 인성과 가치관이다.

인성이 제대로 박혀 있지 않으면 삼성에서는 임원이 되기 힘
들다. 올바른 가치관이 정립되어 있지 않으면 구설수에 오르고
손가락질을 받기 십상이다. 장점이 많은 사람이 임원보다는 단
점이 없고 인격적으로 완벽한 사람이 임원이 된다.

삼성은 오너 중심의 제조 회사다. 오너의 뜻을 관철시켜 사업
을 성공시키려면 충성심이 강해야 하는 것은 분명하다. 여기에
인간미와 도덕성, 전문성 등 글로벌 종합경영 역량을 가진 인
재들을 확보하기 위해 치열한 노력을 경주하고 있다.

삼성 입사 지원서에는 '지연', '학연', '인연' 등 3연을 배격한
다. 명문대 출신 비율이 압도적으로 높기는 하지만 명문대생들
로만 구성된 조직만은 아니다. 오히려 명문대 출신 임원 비율

구매본부장 시절 협력회사 협의회 기념사진

이 낮다. 결국 삼성의 임원은 열정과 책임감을 가지고 장기적으로 좋은 성과를 내는 사람에게 주어지는 자리로 보면 된다.

삼성은 발탁 인사를 할 때 업적 기여도 외에 업무자세, 대인관계, 조직관리 능력, 사생활 등 다양한 부분에서 평가가 이뤄진다. 삼성에서 임원 되는 것이 어려운 이유는 이런 다면평가가 지속적으로 철저하게 이루어지기 때문이다.

삼성 임원은 강한 책임감을 가져야 한다. 탁월한 능력과 투철한 책임감이 수반되지 않으면 임원 반열에 오르기 어렵다. 경영목표 달성과 조직 관리에 대한 책임감이 임원들에게 최고의 덕목인 셈이다.

삼성의 임원이 되려는 사람은 도덕적으로 흠결이 없어야 한다. 회사에서 요구하는 도덕성은 매우 엄격하다.

구매본부장으로서 포스코 광양제철 방문

높은 곳일수록 바람이 거센 법이다. 작은 부정도 용서하지 않는 삼성의 조직문화는 결국 흠결이 없는 사람을 임원으로 선택한다. 삼성의 임원은 적응력, 관계지향성 등을 지니고 주어진 상황에서 최선을 다해 성과를 이루어 내야 한다. 적응력도 뛰어나야 한다.

삼성 임원들을 일을 제대로 잘해야 한다. 또한 업무 성과 평가 시스템을 객관적·효율적으로 운영하여 조직에 필요한 최적의 인재를 육성할 줄 알아야 한다.

그래서 삼성에서 10년 이상 버틴 사람은 이미 그것으로 최고의 직장인이 될 수 있는 모든 검증을 마친 셈이 된다. 조직내부의 엄정하고 치열한 경쟁체제를 거쳐 올라간 삼성 임원들이 글로벌 유수기업 등에서 좋은 대우를 받는 것은 당연한 귀결이다.

아들딸들을 위한 아빠의 멘토링

Q: 기업의 꽃인 임원에 오르기까지가 결코 쉽지는 않은 것 같아요. 임원이 되기 위한 자격이라는 것이 있다면 어떤 것일까요?

A: 대개 임원들은 사원 시절부터 마치 임원처럼 생각하고 일하는 것이 몸에 내재된 경우가 많습니다. 임원들은 그 기업을 이끄는 리더의 마인드와 일하는 방식을 체득화한 小리더들이기 때문입니다.

다른 기업보다 삼성에서 출세하여 임원이 되려면 여러 검증 과정과 다양한 평가 잣대에 의해 엄정히 선별됩니다. 일만 잘하는 것이 아니라 인간미도 있어야 하고, 수장을 향한 충직한 팔로우십 못지않게 조직원들을 잘 통솔하고 솔선수범하는 리더십도 지녀야 합니다. 매사 긍정적이고, 실무 능력과 비례한 높은 도덕심을 겸비해야 하고, 도전 정신이 강해야 합니다.

임원은 자신이 맡은 부문만 생각하는 지엽적인 사고의 소유자여서는 안 됩니다. 임원은 자신이 맡은 사업뿐만 아니라 회사 전체를 광범위하게 생각할 줄 알아야 합니다. 다른 부서에 양보하기 싫어했던 부서원도 임원이 되면 우리 사업부가 양보해 전체의 이익을 키울 수 있다면 그렇게 해야 한다고 생각할 줄 알아야 한다는 소리입니다.

막간에도 달려야
인생 2막을 올릴 수 있다

"생각만 하지 말고 행동하라.
행동의 시행착오들이 나를 더 단단하게 만들어 줄 것이다."
- 이건희 -

임원은 기업의 핵심인재이자 기업의 꽃이라 할 수 있다. 일반 직장인들이 회사에 입사해 "임원 자리 한 번은 해봐야지."라며 꿈을 키우는 것도 이 때문이다. 하지만 임원 자리는 극소수에게만 허용되어 문이 좁다. 국내 10대 그룹의 주력 계역사 10곳(삼성전자·현대중공업·SK에너지·LG전자·롯데쇼핑·GS칼텍스·대한항공·한화·두산중공업)의 임원 비중은 전체 직원의 1.15%에 불과하다. 말 그대로 '상위 1%'인 셈이다.

임원은 샐러리맨이면 누구나 오르고 싶어하는 자리이지만 쉽게 오를 수도 없고 오른다고 해도 장밋빛 미래만 펼쳐지지도 않는다. 많은 혜택이 주어지지만 모든 게 좋은 건 아니다. 올라가기가 힘든 것에 비해 내려오는 길은 너무 순식간이라 허망할 정도다. 능력이 좋아 고속승진을 했다가 어느 순간 쫓겨나 실직자로 전락하는 1년짜리 계약직 신세이기 때문이다. 임원들을 막상 되고 나면 살얼음을 걷는 기분으로 살아가는 '파리목숨'이라 부르는 이유가 여기 있다.

조직과 조직원들의 도움으로 중책을 맡았던 임원들은 퇴장할 때 아름다운 모습을 보이려 노력한다. 조직에 대한 최소한의 예의이자 도리라 생각하기 때문이다. 그래서 갑자기 임원 자리에서 물러나더라도 덤덤히 받아들일 수 있는 것이다.

1996년 5월, 일본 도쿄에서의 7년간 주재생활을 마친 후 VFD 판매 사업부에 이어 1998년 7월부터는 인사·제조·판매·수익까지 아우르는 막중한 책임을 지게 되었다. 7년 동안이나 노심초사하며 제조혁신을 통해 세계시장 점유율 40%를 달성하며 사업 성공을 일궈낸 나였기에 이 사업에 대한 자부심이 대단했다.

산이 높으면 골이 깊은 법, 그렇게 전망이 밝았던 SDI 사업의 전성기가 끝이 나고 있었다. 내가 2003년 1월 삼성SDI 구매본부장이 된 후, SDI사업은 창립 이래 처음으로 매출 10조 원과 이익 1조 원을 넘어서며 엄청난 성공을 구가했지만 그 기간은 그리 길지 않았다.

2004년 말부터 중국어 주 업종인 브라운관 수출에 심한 견제를 하기 시작하자 사업에 먹구름이 몰려왔다. 어려운 상황을 타개하기 위해 가격을 대폭 인하하라는 지시가 떨어졌다.

이미 1조 원 원가절감 계획을 수립해 실천에 옮기고 있었으나 판매가 예상보다 저조해 원가절감 목표가 점점 상향조정돼 가고 있었다. 좋지 않은 징후였다. 이처럼 어려운 상황임에도 우리는 최선을 다해 목표달성을 이루어내고 있었다. 그런데 우리의 절감 노력에 찬물을 끼얹는 일이 2005년 10월 28일 '2006년도 전략적 Global 계수 조정회의'에서 발생했다.

원가절감 추진을 위한 구매본부와 관리본부의 입장이 크게 달라 충돌이 발생했다. 결국 회의를 주재하던 사람이 책임을 지며 양 본부를 질책하기에 이르렀다. 이후 나는 안식년 1년을 받고 구매본부장을 퇴임했다.

사물을 정리한 후 30여 년 활동의 소회와 함께 더 좋은 SDI를 만들어 달라는 내용의 작별인사를 직원들 앞으로 보내고 회사를 나왔다.

임원이 되면 파리목숨이란 말을 항상 되뇌이면서 미리 준비를 한 덕분인지 동요하지는 않았다. 그러나 점점 시간이 지날수록 괴로운 마음이 들기 시작했다. 30년 동안 내 모든 것을 쏟아부었던 직장이 이제는 내가 다가갈 수 없는 공간이 되어버렸다는

2006년 6월 안식년의 제주도 휴일

생각에 막막함과 허전함이 나를 지배했다. 폭음하는 버릇이 이
때 생겼났다. 또한 마음 속 분기憤氣를 다스리지 못해 주변 사람
들에게 이유 없이 화를 내는 일도 생겼다. 어느 순간 이렇게 살
다가는 나 자신이 망가지겠다는 생각이 들었다. 얼마나 괴로워
했으면 하나님을 믿는 내가 굿이라는 것까지 해 보았을까.

그러다가 가족과 주위의 도움으로 점점 마음의 안정을 찾기
시작했다. 우선 현실을 직시하며 안정하기 시작했다. 하루아침
에 직장에서 퇴출되는 사람들과 나를 비교하기도 했다. 아무런
준비도 없이 사회 구석으로 내몰린 그들보다 그나마 조직의 배
려 속에 살아온 내 상황에 감사하기로 마음먹었다.

안식년 기간에는 임원과 똑같은 대우를 받았다. 이 소중한 시

간을 알차게 보내리라 굳게 마음먹었다. 가장 먼저 한 일은 중국어 공부였다. 일본어는 현지인 수준으로 할 수 있었고, 영어도 어느 정도 구사를 할 수 있었기 때문이다.

2006년 2월부터 본격적으로 중국어 공부를 시작하면서 여행도 다녔다.

어느 정도 기초 중국어로 입을 뗄 수준이 되자 중국 현지로 가 공부하기로 마음 먹고 교육기관을 물색하던 중 후배가 추천한 상해교통대학을 선택했다.

나는 초등학교는 면 소재지에서, 중학교는 도청 소재지에서, 고등학교는 서울로 와서 다녔다. 대학을 나와 일본 주재원 생활을 하면서 깨달은 것은 견문을 넓히기 위해서는 넓은 곳에서 놀아야 하겠다는 것이다.

그래서 내 자신부터 삶의 지평을 넓히기 위한 노력을 게을리하지 않았다. 이 과정에서 회사의 지원이 있었기에 쉽게 꿈을 이룰 수 있었다. 정말 삼성은 나에게 은인 같은 존재다.

2006년 8월 아내와 함께 중국으로 날아갔다. 8월 30일 중국 상해 르네상스 호텔에 짐을 풀었다. 체류비용, 중국어 연수 비용, 생활비 등 주재원 수준의 대우를 받았다.

상해에 도착해 교회 관계자들을 만나 이들과 인연을 이어갔고 이들의 도움으로 부정적 생각으로 가득찼던 마음을 치유할 수 있었다.

주일마다 교회에 가서 하나님의 말씀을 전해들으며, 한없이 회한의 눈물을 흘렸다. 그렇게 해서 다치고 지친 내 마음은 정화되어 갔다. 지금의 행복한 삶들은 그때 상해에서 받았던 은혜 덕분 같다. 기도를 통한 무한한 감사의 마음과 자신감은 내 인생 후반에 새로운 동력이 되고 있다.

6개월 동안 낯선 나라 대학에서 배움의 시간은 내게 많은 것을 선사했다. 도전에 대한 자신감과 내가 개척하고 깨달아야 할 새로운 분야가 많다는 것을 깨달았다.

오랜만에 하는 공부가 쉽지는 않았다. 학교 다닐 때도 안 하던 어학공부를 학교에서 4시간 하고 그리고 집에 와서 예습, 복습을 4~5시간을 했다. 그렇게 하지 않으면 도저히 진도를 따라갈 수 없었다. 시간이 지나면서 잘 들리지 않던 중국어가 차츰 귀에 익숙해지기 시작했다.

2007년 1월 10일 중국 어학연수 과정을 무사히 수료했다. 그리고 1월 20일 삼성SDI를 공식적으로 퇴임했다. 1978년 8월 4일 입사해 청춘을 불살랐던 SDI를 떠날 때의 기분은 뭐라 말할 수 없이 묘했다. 이어 삼성 SDI 자문역으로 취임했다. 안식년 시절 같은 대우는 아니었지만 새 인생 2막을 준비하는 데 큰 도움이 되었던 1년이었다.

이제는 새로운 인생을 제대로 꿈꾸지 않으면 안 되는 시간을 맞이한 것이다. 그런 의미에서 중국어 공부를 계속 이어가지 못한 아쉬움이 남는다. 언젠가는 다시 시도해 볼 생각이다.

새로운 2막 인생을 준비하는 것은 말처럼 쉬운 일이 아니다. 하지만 '삼성을 그만두면 무엇을 해야 할까?'라는 준비를 꾸준하게 해왔던 나는 중국에서의 안식년 시절에도 계속 구상하고 있었다. 30년 가까이 일본, 중국을 상대로 구매와 영업을 했던 경험을 살려 나만의 무역회사를 설립·운영해 보는 그림이 그려지고 있었다. 이렇게 안식년에도 나는 안주하지 않고 계속 앞으로 달리고 달렸다.

아들딸들을 위한 아빠의 멘토링

Q: 청춘을 바쳤는데 퇴사 압력으로 회사를 나왔을 때 너무도 참담했습니다. 조직에 대한 배신감으로 몸과 마음이 너무도 힘듭니다. 어떻게 이 마음을 달래야 할까요?

A: 일에 묻혀 가속만 하다가 갑자기 정지하면 공황상태가 오기 쉽습니다. 상처를 주는 존재도 사람이지만 상처를 치유해주는 것도 사람입니다. 공허한 시기를 같이할 수 있는 동반자가 되어줄 멘토를 만들어 그들과 같이 동행하는 것은 어떨까요?

사실 목돈을 받고 명예퇴직을 하더라도 조직에 대한 섭섭함은 쉽게 떨칠 수가 없는 법입니다. 특히 기업의 임원들은 퇴직 후 여유 있는 삶에 집중하기보다는 과거를 회상하는 시간이 많아 곱씹게 되는데 그때 자신을 버린 회사에 일종의 배신감을 느끼는 경우가 많습니다. 마치 연인에게 버림받은 후 새 사랑을 찾지 못한 이들의 처지처럼 변하게 되는 겁니다.

사실 돈이 모든 것을 좌우하는 것이 아니기 때문입니다. 청춘을, 열정을 다 바친 조직이 제대로 예우를 하지 않았다는 생각을 하면 우울해질 수 있습니다. 이 우울감은 이후의 사회생활이나 재취업에도 영향을 줄 수 있습니다.

하지만 저는 미움도, 원망도, 배신감도 모두 내려놓으시라고 조언 드립니다. 조직의 생리를 이해하지 않고 자신을 향해 칼날을 세웠던 사람들을 미워만 하면 그 섭섭함은 평생 지울 수 없습니다. 앞만 보고 달려오느라 챙기며 살지 못했던 주변을 둘러보시기 바랍니다. 액셀러레이터를 밟으며 열심히 일만 하느라 정작 인생에서 놓쳐버린 중요한 '사람'을 다시 붙잡는 시간으로 활용하시기 바랍니다. 그들에게서 받거나 그들에게 돌려 드리는 '따뜻한 말 한마디'와 '진심어린 관심'이 공허함을 치료해 줄 것입니다.

구만 리를 날아가는
큰 새 붕(鵬)처럼

"꿈꿀 수 있는 것은 무엇이든 이룰 수 있다."
- 요한 괴테 -

2008년 1월 15일 삼붕트레이딩을 설립했다. 대학에서 전공한 무역학과 삼성그룹 30년 근무 경험을 원천으로 강남구 대치동 샹제리센터에 회사를 차렸다. 삼붕 트레이딩의 '삼붕三鵬'은 2006년 중국 상해 유학 시절에 방점을 찍어 두었던 이름이었다.

'삼'은 아시아 주요 시장인 한국, 일본, 중국 3국을 가리키는 것이고, '붕'은 중국 고전인 장자에 나오는, 한 번 날면 구만 리 난다는 전설상의 큰 새를 가리킨다. 아시아의 거대한 3국 시장을 크게 날아다니며 국제 무역을 하고자 하는 나의 새로운 2막 인생의 큰 포부가 담긴 이름이다.

2008년 3월 31일, 삼성SDI 자문역을 퇴임했다.

삼성이라는 인큐베이터를 벗어난 나는 이제 신생아와 같은 처지가 되었다. 다시 사회생활을 시작해야 한다는 생각은 나를 긴장하게 만들었다. 우선은 내가 잘 아는 길목에서 인생 2막을 준비하고자 했다. 나의 인생 전반부를 지배했던 30여 년의 삼성생활의 경험을 바탕으로 거대한 중국시장을 염두에 둔 사업로드맵을 그렸다.

자문역을 퇴임하면서 삼성과의 공식적인 관계는 끝났지만 여전히 비공식적인 관계는 계속 이어졌다. 내 사업 자체가 삼성에서 쌓은 경험과 인적 네트워크를 기반으로 했기 때문에 이어질 수밖에 없었다.

하지만 처음부터 모든 것이 쉽고 원활했던 것은 아니었다. SDI 구매본부장이라는 슈퍼 갑에서 을의 위치로 바뀐 나의 상황이 새로운 사업을 추진하는 데 발목을 잡곤 했다. 상대 기업 담당자들을 접하다 보면 대놓고 이렇게 말하는 사람들도 있었다.

"그냥 이제는 쉬셔도 되는데 왜 이렇게 작은 필드에서 뛰시려고 하세요?"

그런 이야기를 듣는 것이 무척 곤욕스러웠다. 심지어 자괴감까지 들 때도 있었다. 예전 내가 가졌던 헝그리 정신을 다시 장착하고 간절하게 뛰어야만 사업을 성공할 수 있는데도 예전의 슈퍼 갑 마인드에서 벗어나지 못하는 자신을 질책하기도 했다.

뒷짐 지고 비즈니스를 시작하려고 한 것은 아니었지만 '을'의 마인드를 갖고 후배들을 찾아다니기가 결코 쉬운 일이 아니었다.

하지만 삼성이라는 백그라운드 효과는 엄청난 재산이 되어 주었다. 많은 삼성 후배들이 주변에 입소문을 내준 덕에 사무실로 알음알음 찾아오는 고객들이 많아졌다. 자연스레 경영 고문이나 컨설팅 일감들도 하나둘씩 늘어나기 시작했다.

그렇게 바쁜 시간을 보내고 있던 중 또 다른 특별한 기회가 찾아왔다. 도쿄 주재원 출신 후배가 전세계 터치폰 재료 시장을 석권하는 니토덴코의 한국 대리점을 맡아보지 않겠냐고 의사를 타진해 온 것이다. 곰곰이 생각하다가 좋은 기회라고 생각해 제안을 수용하고 본격적으로 영업을 시작했다.

초기에는 다소 고전했지만 사업을 시작한 후 다음 분기부터 회복해 경영 첫 해 하반기에만 20억 원의 매출을 낼 수 있었다.

사람들은 내게 어떻게 두려움 없이, 머뭇거림 없이 이렇게 곧바로 창업을 할 수 있는 비결이 뭔지 물어보곤 했다. 별다른 것은 없었다. 늘 미래에 다가올 것을 예측하고 대비해서 막상 일이 닥쳤을 때 당황하지 않고 차분히 해결해나가는 유비무환 정신이 아닐까 싶다.

회사를 설립하고 나서 자신에 대한 자신감이 넘쳐났다.

회사를 운영하면서 가장 흐뭇한 일은 삼성 30년 생활 중 만난 인연들이 비즈니스와 연결되어 다시 만나게 되는 일이었다. 사람만이 사람에게 가장 큰 재산이 될 수 있다는 것을 다시 한 번 깨달았다. 삼성에서 만났던 무수한 인적 자산이 나만의 막강한 경쟁력이 돼 주었다.

인적 자산을 쌓으려고 의식적으로 노력한 적은 단 한 번도 없었다. 헤어질 때 다시 만나고 싶은 사람이 되기 위해 늘 진실되려고 노력했을 뿐이다.

삼성SDI를 퇴임하고 사회생활에서 얻어진 직함들이 더 많다. 봉사하고 헌신한다는 생각으로 삼성 SDI 구매 OB회 회장, 대한민국 ROTC 14기 총동기회 사무총장, 고려대학교 MBA 교우회 사무총장, 건대 총동문회 상임부회장, 건대 ROTC 총동문회 회장 등 봉사하고 헌신하는 자리이다. 삼성에 몸 담았을 때 못했던 사회활동을 적극적으로 하면서 내 인생 역시 더 풍요로워질 수 있었다.

여러 모임의 리더를 맡으면서도 나는 늘 그 '자리'보다는 사람들과의 '의리'를 지키기 위해 노력하고 있다. 이런 노력들이 주변사람들과의 관계를 지속케 해주는 이유가 아닐까 싶다.

이러한 인적 자산 외에 내가 2막, 3막 사업에서 성공할 수 있었던 또 다른 이유는 환경변화에 자신을 적응시킬 수 있었기 때문이다. 만약 삼성 임원이었던 과거에만 함몰돼 있었다면 불가능했을 것이다. 사회 초년생의 절박함을 갖고 경영에 임하며 대기업 삼성의 구매본부장 출신이 아닌 발품 파는 중소 기업인으로 과감히 변신했다.

처음에는 새로운 환경에 적응하기가 많이 힘들었다. 중소기업 인맥을 맺으려고 업계 사람들이 모이는 곳을 찾아다니다 업계 마당발로 소문난 모 중소기업 C 상무를 알게 되었다. 그와의 인연을 맺기 위해 한 중소기업 사장에게 소개해 달라는 부탁까지 했다. 각고의 노력 끝에 중소기업 CEO모임에 낄 수 있게 되었다.

삼붕트레이딩을 설립 후 3년이 지나면서 직원 7명에 월매출 7~8억 규모로 급성장하였다.

그 과정 속에서 나는 많은 것을 얻었다. 새로운 도전보다 익숙한 안정을, 실패를 통한 배움보다 성공이 주는 인정을 바란다면 인생은 거기서 끝난다는 것을 알았다.

공직에서 퇴임을 하면 많은 것이 변한다. 집 안에서의 자리도 변하고 나를 부르는 호칭도, 나를 보는 시선도 달라진다. 이 간극을 뛰어넘어야만 하는데 결코 쉽지만은 않다.

지시하는 역할이 익숙한 대기업 임원에서 창업 경영자로의 변신은 쉽지 않았다. 하지만 창업 이후에는 대표라는 직함을 내려놓고 혼자 발로 뛰며 사소한 것까지 직접 챙겨야만 했다.

임제록에 "수처작주 입처개진隨處作主 立處皆眞"이라는 말이 나온다. "가는 곳마다 주인이 되어라. 네가 서 있는 곳이 모두 참된 자리이다."라는 뜻이다.

내가 내 일상의 주인공이 되어야 한다. 성공하는 사람들은 늘 인생의 CEO마인드를 가지고 있다. 누가 시켜서가 아니라 자신이 먼저 나서서 상황을 완벽하게 장악한다. 새로운 사람을 만나고 새로운 일을 맡는 것을 즐겨야 한다. 그들에게는 남보다

더 강력한 경쟁자가 있다면 바로 자기 자신일 것이다. 자기 자
신부터 먼저 변할 필요가 있다.

삼붕트레이딩 광고

아들딸들을 위한 아빠의 멘토링

Q: 사람을 채용하는 것은 참 어려운 일 같습니다. 인재를 뽑을 때 그들의 지능
이나 지혜를 평가하는 것이 얼마나 어려운 일인지를 새삼 많이 깨닫습니
다. 그래서 흔히 말하는 스펙 몇 가지를 갖고 직원을 뽑는다는 것에 회의가
드는데요, 과연 채용과 스펙은 상관관계가 높을까요?

A: 보잘것없는 스펙을 가진 사람들 중에서도 경이로운 기적을 만드는 사람들
이 태어나는 이유는 그들에게 그 기적을 만들 수 있는 재능이 있다는 것을
알아본 누군가의 감식안과 그 재능을 펼칠 수 있는 기회를 부여해 준 믿음
때문입니다.

기업 인재상의 기준에 맞추어 스펙을 준비하면서 정작 자신을 잃어버
리는 젊은이들을 너무 많이 봤습니다. 기계에 쓰는 스펙이라는 단어
를 사람에게 들이대는 잣대로 많이 인용하지만 기업이 원하는 스펙은
사실 단순하면서도 기본적인 품성인 경우가 많습니다.

솔직히 대기업 임원과 지금의 CEO를 하면서 만났던 젊은 인재들의
스펙은 대개가 엇비슷했습니다. 하지만 정말로 중요한 것은 성실함,
책임감, 열정 등 인성입니다. 스펙은 필수불가결한 옵션이 아니라 그
높은 가치를 가진 인성을 보유한 사람들이 하나 더 해놓은 '부가' 옵션
일 뿐입니다.

한국니토덴코의
첫 한국인 사장

"기회는 눈 깜짝할 사이에 지나간다.
순발력을 키워라."

- 이건희 -

    2015년 한국 니토덴코의 매출 규모는 2조 원으로 Nitto그룹 전체 매출의 20%를 차지한다. 1918년에 설립된, 기능성 테이프와 광학성 필름 전문회사 한국니토덴코 대표에 한국인이 취임한 것은 1984년 한국에 진출한 이래 처음 있는 일이었다.

    나는 일본과 인연이 아주 깊다. 삼성에서 일본통으로 불리우며 인생에서 가장 왕성하게 활동할 37세부터 44세까지 일본 도쿄에서 주재생활을 하며 보냈다. 아이들 역시 일본에서 7년 동안 초등학교와 중학교를 다녔고, 성년이 된 후에도 직장 생활을 통해 일본과의 연을 이어가고 있다.

    아들 석준은 미시간대 경제학부를 졸업 후 니시모토 트레이딩Nishimoto Trading L.A 본사에 입사했고, 일본 JP 모건 사에 다니던 딸 규리는 일리노이대학 동기이며 모건 스탠리에서의 동료 일본인 쿠리다 징야Kurita Jinya와 결혼했다. 그리고 첫 외손자 준Jun과 외손녀 유Yu가 한국에서 태어났다. 규리는 4년간 육아를 한 후 도쿄에 있는 미국계증권회사 PIMCO Japan에 취업해 직장 생활을 하고 있다.

나 역시 한국 니토덴코 대리점을 운영하면서 일본과 계속 인연을 이어나가고 있던 중에 지인의 소개로 한국니토덴코 사장 자리에 면접을 보게 되었다.

니토덴코는 전체 10조 원 매출 규모에 전 세계에 100개의 지점을 갖고 있는 우량 글로벌 기업이다. 한국에는 니토덴코 관계사가 3개가 있다.

1984년 한국에 진출해 일본에서 파견된 주재원이 한국 대표를 역임하면서 영업을 해왔는데 한국에서의 영업신장을 위해서는 현지인 사장이 필요하다고 판단해 그 적임자를 물색하기에 이른 것이다.

일본 니토덴코가 원하는 한국 사장의 자격은 글로벌 기업인 삼성전자와 LG전자 그리고 현대차그룹과 직접 마케팅을 할 수 있고 니토덴코 그룹 가족들과 원활한 일본어 소통이 가능한 자였다.

삼성에서 영업, 마케팅과 구매 파트의 30년과 도쿄주재원 7

년 경험, 한국니토덴코 대리점 운영 성과가 후보자로서의 장점으로 어필했던 것 같다.

사실 처음 그렇게 이력서를 보내놓고도 나 역시 나름 바빴던 탓에, 그리고 3개월이라는 긴 시간 동안 연락이 없었기에 기대하지 않은 채 잊고 있었다. 그러던 어느 날, 소개했던 지인으로부터 니토덴코 본사 나기라 회장님이 나를 꼭 한국에서 만나보고 싶어 한다는 전언을 들었다.

2010년 8월 4일 나기라 회장님과의 첫 대면이 있었는데 2시간의 면담은 만 6년이 지난 지금도 생생하게 기억이 난다. 면담을 마친 후 지인을 통해 긍정적 메시지가 전해져 왔다. 그리고 8월 말 최종 낙점을 받았다.

2011년 2월 28일 나는 삼붕트레이딩 대표이사에서 퇴임하고 3월 1일 한국인 최초란 자부심 속에 한국니토덴코 사장으로 취임하여 전문경영인으로서의 첫발을 내딛었다. 취임 당시 니토덴코는 스마트폰과 LCD TV 시장의 급성장으로 필름 수요가 동반 증가함에 따라 사업 전망이 매우 밝았다.

나의 경험과 능력을 최대한 발휘하며 이전 일본인 사장의 경영방식과 차별화를 꾀하기 시작했다. 6개월 안에 개혁을 하지 않으면 저항을 받기 때문에 서둘러서 대리점 영업을 폐지하고 커미션을 지급하는 업체를 정리하는 동시에 새로이 조직을 정비하고 인원을 재배치했다.

내부 혁신 추진 과정에서 불협화음이 없지는 않았지만 해외 영업 강화를 위해 젊고 유능한 직원들을 싱가포르와 베트남에 주재원으로 파견하고, 한국니토덴코의 사명, 미션, 비전을 만들어 전 직원들과 공유하기 시작했다.

2014년 11월에는 오래된 중구 태평로 사무실을 강남 삼성동으로 과감하게 이전했다. 서울 강남구 테헤란로 509 엔씨타워 11층 600평 규모의 사무실로 확대 이전하여 영업 전초기지로 사용할 쇼룸을 만들고 젊은 직원 취향의 사무실로 리모델링했다.

일터는 일을 통해 서로 배우고 성장하는 공간이다. 그래서 지정자리가 없는 'Free address' 형태의 사무실 구조로 바꾸어 칸막이 없이 탁 트인 공간에서 업무 성격에 따라 수시로 옮겨 다

사무실 전경

니며 업무를 볼 수 있게 했다. 소통이 제대로 이루어질 수 있도록 휴식 공간을 확장해 복지 수준도 높였다. 이러한 나의 행보는 직원의 애사심을 고취하는 데 쾌적한 환경조성이 필수적이라는 신념에 기인한다.

조직구성원과 조직은 함께 성장해야 한다. 조직구성원을 키우지 않는 조직이나 조직에 대한 헌신이 없는 공동체는 언젠가는 망한다. 조직과 구성원의 균형된 동반성장이 필요한 이유다.

취임한 지 4년이 되는 2015년 6월 일본 니토덴코 본사의 임원으로 승진했다. 회장, 사장을 포함한 전체 임원이 20여 명밖에 안 되는 글로벌 기업에서 영광스럽고 자랑스러운 자리에 오른 것이다. 동시에 어깨가 무거워지는 책임감도 느꼈다.

휴식 공간

나에게 주어진 또 다른 사명은 한국인 사장이 계속 이어질 수 있도록 인재육성에 만전을 기하는 것이라 생각하여 삼성인 상을 받은 마케팅 전무출신을 영입하고 2년 가까이 회사의 주요 현안 및 경영에 대해 머리를 맞대고 협의하면서 Nitto그룹의 미래를 설계하고 있다.

스포츠 동우회 주최 볼링대회에서

2015년 4월 13일 서울의 숲에서 벚꽃구경을 마치고

2016년 5월 조직활성화 워크숍에서

2016년 12월 리쿠르트 월간지에 게재된 단체사진

아들딸들을 위한 아빠의 멘토링

Q: 서로 다른 개성을 가진 직원들을 통솔하는 것은 쉽지 않은 것 같습니다. 다른 능력, 기질, 업무 태도를 가진 구성원들을 어떻게 하면 제대로 통합시켜 조직에 기여하는 인재로 만들 수 있을까요?

A: 리더의 역할은 조직 구성원이 가진 특색이나 장단점을 잘 파악하고 시너지 효과를 이룰 수 있도록 직원 역량을 결집시키는 일입니다. 개인의 역량을 조직의 목표를 위해 충분히 발휘될 수 있도록 도와주고 개인의 역량들이 '집단역량'으로 전환될 수 있는 환경을 조성해 주는 것이 리더가 해야 할 일입니다.

크든 작든, 모든 조직의 구성원은 일말의 천재성을 보유하고 있다고 합니다. 혁신적인 리더는 이런 구성원이 가진 천재성의 의미를 잘 파악합니다. 그런 혁신적인 리더의 본보기로 들 수 있는 기업이 바로 '픽사'입니다. 픽사 영화사는 지휘고하를 막론하고 수많은 사람이 낸 수천, 수만 개 아이디어를 잘 조합하여 조직의 성과를 이루는 탁월함을 잘 갖고 있습니다.

이런 픽사 같은 혁신적인 조직들은 몇 개의 공통점을 갖고 있습니다. 협업과 발견적 학습, 통합적 의사결정이 잘 이뤄진다는 점입니다. 리더는 전체도 중시해야 하지만 한 사람의 능력과 수고에도 관심을 기울여야 합니다. 모든 직원이 각자 개성을 드러내면서도 자신이 전체의 일부라는 소속감을 유지할 수 있게 만드는 리더가 되어야 합니다.

셋 실행하라, 마치 리더처럼

ACTION

세상의
청춘들에게 고함

사회 초심자를 위한
안내 TIP

"사람을 관찰해보면 세 부류가 있다.
첫째 어려운 일은 안 하고 쉬운 일만 하며
제 권위만 찾아 남만 부르는 사람,
둘째 얘기를 해도 못 알아듣는 사람,
셋째 알아듣긴 해도 실천하지 않는 사람이 있다."

- 이병철 -

요즘 많은 젊은이들이 그토록 원하는 회사에 치열한 관문을 뚫고 들어갔음에도 불구하고 쉽게 퇴사를 하는 경우가 많다고 들었다. 대기업 신입사원의 1년 이내 퇴직률이 40%가 넘는다는 이야기를 듣고 좀 개탄했다. 이토록 취업이 어려운 시대에 그렇게 쉽게 끈을 놓아버리는 이유가 무엇일까? 기성세대로서 걱정도, 우려도 된다. 그리고 책무감도 느낀다.

나처럼 기성세대들이 고생을 해서인지 솔직히 요즘 젊은이들이 할 수 있는 선택의 영역은 넓어 보인다. 웬만해서는 모두 대학을 나왔고 해외 유학을 다녀온 친구들도 많다. 그러다 보니 본인 스스로를 어느 정도 검증이 된 인재들로 착각하는 젊은이들이 많다.

솔직히 조직생활을 하고 조직을 이끌고 있지만 대학이라는 것이 경쟁력을 다 갖게 해 주는 프리패스 카드는 아니다. 내가 봤을 때 한국의 대학을 비롯해 교육 전반에 대해 개조할 필요가 있다고 생각한다. 여기저기 경쟁력 없이 만들어지고 방만하게 운영되고 있는 대학들을 정리할 필요가 있다. 정원을 줄이고 대학에 들어가는 사람들도 줄여야 한다. 고등학교만 나와도 먹고사는 데 지장이 없도록 직업 교육이 더 되어야 한다고 생각한다.

대학을 들어가는 것만큼 나오는 것도 관리해야 한다. 그렇게 하지 않으면 대학 졸업이 더 이상 어떠한 경쟁력도 가지지 못할 것이다. 경쟁력 낮은 대학의 학생은 국내에서도 갈 곳이 별로 없어질 것이다.

세계 모든 나라가 낮은 취업률, 높은 실업률을 기록하고 있다. 폭발적인 산업 성장을 구가하던 시대는 지났다. 그럼에도 불구하고 여전히 길은 찾는 자의 몫이다. 다만 한국은 좁다. 세계를 무대로 빅 픽처를 그릴 필요가 있다.

요즘 젊은 사람들은 그림을 잘 안 그린다. 일본이나 중국의 IT기업에서는 우수한 우리나라 인재들을 향한 러브콜이 잦다. 차라리 좋은 대학 가려고 애쓰지 말고 어디에서 무엇을 하려고 진지하게 생각하면 더 나은 길을 찾을 수 있을지도 모른다.

만약 국내에서 취업을 했다면 대기업이건 중소기업이건 입사하는 것보다 입사한 뒤 잘 적응하는 것이 중요하다. 명문대를 졸업한 인재들이라고 해서 조직이 인정하는 훌륭한 사원이 되지는 않는다. 보통 회사에 들어와 신입사원들이 저지르기 쉬운 오류적 사고가 몇 개 있는데 그중에서도 가장 기초적인 착각은 바로 이것이다.

"왜 상사들은 우리에게 일을 안 가르쳐줄까?"

일을 잘하는 친구들은 가르쳐야만 움직이는 사람들이 아니다. 그들은 기민하게 그들이 배워야 할 양식과 정보와 채널을 상사가 말하기 전에 체득하는 사람들이다. 그건 그가 명문대 출신이건 아니건 상관없이 지극히 개인적인 특질로 보인다. 그런 것을 모르는 구성원들은 다른 기업으로 이직을 고려하기도 하지만 누가 가르쳐주어야만 일을 하는 사람들은 그곳에서도 똑같은 질문에 직면할 수 있다.

일을 잘하는 직원들에게는 일관된 특성들이 있다.

그들은 사회지능이 매우 높다. 상대방을 내 의도대로 이끌 수 있는 최고의 사회지능인 반응 능력을 보유하고 있다. 그렇게 높은 반응능력을 가지기 위해서는 어떻게 해야 할까? 바로 끝없이 자신을 변화시켜야 한다. 자신의 기준으로 세상의 정보를 받아들이고 새로운 것에 흥미를 느껴야 한다.

사회 초심자들 중에서 상사나 동료, 거래처나 고객과의 소통을 원활하게 진행하지 못해서 괴로워하는 사람들이 많다. 심지어 그 괴로움을 헤어날 수 없어서 조직을 떠날까? 라고 고민하는 사람들도 많다.

사회생활의 모든 것은 '관계'에서 완성된다. 조직은 홀로 살아나갈 수 없는 곳이다. 사회와 다양한 관계 속에서만 살아갈 수 있다. 상사가 있고 동료가 있고 부하직원이 있고 거래처와 고객이 있다. '적을 만들지 않는 것'이 중요하다. 단순히 개인적 처세를 잘한다고 승승장구하는 것은 아니다. 승진은 '업무능력'에 '플러스알파'가 있어야 한다. 그 '플러스알파'의 핵심은 '소통력'이다.

다른 이들과 소통이 잘 되지 않는 사람들은 '설마 별일이야 있겠어?' 하는 안일함을 가지고 산다. 그들에게는 작은 문제가 큰 문제로 발전하는 경우가 많다. 소통이 잘 안 되는 사람들 중에는 게으른 사람들이 많다. 일을 차일피일 미루다가 문제를 자꾸 키우는 것이다. 두려움 많은 사람들도 소통이 잘 되지 않는 경향이 있다. 작은 실수를 했는데도 보고를 하면 혼날 게 뻔하고 두려워서 보고를 미루다가 문제를 키우는 유형이다.

무책임한 사람들도 소통력이 떨어진다. 자신이 맡아 하던 일이 잘못되었다면 그것은 그 누구도 아닌 자신의 책임인데도 외부 환경 탓, 상사 탓, 동료 탓을 한다. 남의 탓을 할수록 일하기 싫어지고 자신의 동기유발을 가로막게 만든다.

그 모든 것에도 불구하고 사회생활을 잘하는 능력 있는 초심자들도 무수히 많다. 그들에게는 상사나 거래처, 고객들에게 어필하는 자신만의 필살기나 특기가 있다.

'자신만의 특기'란 영어와 업무 능력도 있을 수 있다. 우리 회사 역시 2013년부터는 입사자격을 강화하여 일본어는 기본으로 하고 영어까지 최고의 자격을 보유한 사람에 한하여 면접시험에서 직접 테스트를 하여 뽑고 있다. 입사 후에도 글로벌 인재육성을 위하여 자기계발비를 매월 지원하고 있고, 외국어 프레젠테이션 경진대회를 실시하여 우수 사원에게 포상금 지급을 하고 있을 정도로 외국어 습득자를 우대하고 있다.

하지만 어학능력이나 성과실적만이 '자신만의 필살기'가 되는 것은 아니다. 꿈도, 책임감도 제대로 장착하면 그 나름의 필살기가 될 수 있다.

조직원이 어떤 꿈을 갖느냐에 따라 그 조직의 성장성은 매우 달라진다. 미래성장의 발판을 다지며 자신과 회사의 이익을 일치시킬 필요가 있다. 회사를 다니면서 개인의 성장을 꾀하는 것은 결코 이기적인 행동이 아니다. 나는 신입사원 때부터 퇴근이 어렵다는 삼성에서 칼퇴근을 하면서 대학원에 다녔다.

오히려 정말 필요한 성장을 억누르는 조직문화나 상사가 있다면 과감히 맞서야 한다. 그것이야말로 조직을 위한 길이라는 논리와 당당한 태도를 보여줄 필요가 있다.

강한 책임감도 조직과 상사에게 어필할 수 있는 강력한 특기가 될 수 있다. 자신의 손을 거쳐서 나온 일의 성과물에 전적으로 책임을 지겠다는 자세를 보이는 후배들을 예뻐하지 않을 선배들은 없다. 능숙하게 하지 못하고, 설령 성과물이 나쁘더라도 자신이 부족하고 잘못했던 부분에 대해서는 확실하게 인정하고, 미달성된 목표를 어떻게 만회할 것인지에 대한 대책을 수립하여 이를 보완하는 노력을 하는 후배 직원들을 조직과 상사는 챙기고 싶어 한다.

아들딸들을 위한 아빠의 멘토링

Q: 좋은 직장에 들어가기 위해서 무조건 열심히 공부하고 스펙을 쌓아 취업을 했던 친구들이 막상 기업에 입사한 이후에는 자신의 삶에 오히려 회의감을 느끼는 경우를 종종 보았습니다. 원래 자신이 하고 싶었던 일이나 꿈이 아니기 때문이라는 말을 듣다 보면 취업만이 능사가 아니라는 생각이 듭니다. 몇 년을 허비한 후 새로이 궤도 수정을 하는 것보다 지금 하고 싶은 것을 하는 것이 옳은 걸까요?

A: 공부가 취업이나 성공을 견인하는 시대는 지났고, 또한 하나의 직장에서 한 우물을 파고, 전 인생을 다 바치던 시대 역시 지났습니다. 혹시라도 공부나 취업보다도 지금의 내 심장을 뛰게 만드는 '하고 싶은 것들'이 있다면 과감히 시도하시기 바랍니다.

흔히 부모들이 자녀들에게 자주 하는 말 중 하나가 아마도 '대학 가서 하고 싶은 것 실컷 다 해라!'라는 말일 것입니다. 그런데 그게 진짜로 가능할까요? 그렇게 하고 싶은 일, 가슴 뛰게 만드는 일들을 나중에 다 할 수 있다는 신념으로 참고 견디며 산 젊은이가 나중에 하고 싶은 일을 실컷 다 했다는 이야기를 저는 들어본 적이 없습니다.

공부가 삶에 대처하는 능력과 자기성찰력을 주지는 않습니다. 직장이 긴 인생의 모든 것을 커버하지는 않습니다. 오히려 아무런 사회적 관계도 쌓지 않은 채 공부만 하다가 입사를 한 젊은 직원들을 보면 많이 힘들어하곤 합니다. 직장은 사회성, 공감능력, 유연성 같은 요소가 결핍된 직원을 원하지 않습니다. 진짜 좋아하는 공부를 하고, 경험을 한 젊은이들이 정말 어느 조직에 들어가도 더 잘 적응하곤 합니다.

공부나 취업준비가 삶의 목적이 돼버려서는 안됩니다. 삶의 목적을 위한 공부나 취업을 하도록 해야 합니다. 공부를 잘하고, 좋은 곳에 취업해야 잘살 수 있다는 부모 세대의 사고방식을 강요하면 미래의 우리 자식 세대들은 설 곳이 없을 것입니다.

직구를 알아야
변화구도 던진다

톰 피터스가 말했다.

"기본으로 돌아가라. 성공의 비밀과 기회가 숨어있다. 너무 사소해서 우리가 평소 별로 관심을 기울이지 않는 것, 너무나도 당연하게 생각해 오던 것들 속에 숨어있다."

조직생활을 성공적으로 할 수 있게 하는 원천은 바로 '기본'적인 것들을 지키는 것이다. 만약 그 기본이 부족하다면 빨리 깨달아 채우려는 노력을 해야 한다. 자신이 사소하다고 생각했던 단점과 오류들을 고치지 않는다면 실패할 수밖에 없다.

한 신입 직원이 있다. 자신이 회사에서 하는 일들이 정말로 하찮은 거라는 생각을 떨칠 수가 없어 괴로움을 호소했다. 그 직원은 핵심적인 업무를 어서 빨리 배우고 싶어 했다. 어느 날 그에게 기회가 왔다. 대표이사 앞에서 기획안을 발표할 일이 생긴 것이었다. 최선을 다해 발표 자료를 만들었다.

하지만 대표이사 앞에서 그는 큰 망신만 당하고 말았다. 발표내용도 근사하다고 스스로 생각했고, 발표자료 역시 멋지게 디자인했지만 멋지게 만들겠다는 욕심에 회사 공용 발표 서식을 쓰지 않았고, 기본 중의 기본인 매출 수치 등이 잘못되어 신뢰성을 떨어뜨린 보고서를 발표했던 것이다. 게다가 그 오류가 난 수치는 다른 부서의 자료도 아닌 다름 아닌 바로 자신의 부서 자료였다.

그저 자신의 감과 열정만 믿고 껍데기만 화려하게 장식했기에 실패하였던 것이다. 이렇게 변칙도 정석을 알 때 통용되는 것처럼 변화구도 제대로 된 직구를 던질 줄 알아야 시도해볼 만한 시도다.

솔직히 하루 네댓 시간씩 회의하는 불필요한 절차나 임원 주재, 사장 주재 회의를 준비한다며 파워포인트에 내용을 어느 위치에, 어떤 색깔로 배치할 것인지를 놓고 너무 많은 시간을 허비하는 것들이 한심하고 비합리적으로 보일 수 있다. 그런 것이 조직문화이니 그대로 받아들이라는 말은 아니다. 하지만 조직이 고수하는 원칙들을 면밀히 관찰하고 답습한 이후에 변주를 꾀하는 것이 훨씬 현명하다는 말을 하고 싶은 것이다.

야구의 직구처럼 기업에서는 그것을 '기본기'라고 가리킨다. 야구의 직구보다 변화구에서 더 많은 홈런이 나오는 이유는 치기는 더 어렵지만 칠 수만 있다면 더 많은 회전이 담긴 변화구가 더 힘을 받고 더 멀리 날아가기 때문이다. 그런데 그 변화구는 바로 직구를 제대로 잘 던질 줄 알아야 만들 수 있다고 한다.

"힘들고 어려운 변화구가 날아오고 있습니까? 축하드립니다. 당신에게 홈런을 칠 수 있는 멋진 기회가 주어졌군요." 야구선수 류현진의 말이다.

보통 우리는 '기본기'를 자주 언급한다. 운동을 시작할 때도 기초 체력을 다진 후 몸 풀기를 시작으로 게임이나 시합을 한다. 일을 잘하는 사람을 가리켜 기본기가 탄탄하다는 말을 한다. 이 기본기라는 것은 무엇일까?

조직생활을 하는 회사에서는 반드시 익혀야 하는 기본기가 몇 가지 있다. 이런 기본기를 입사 1년 안에 익숙하게 장착해 습관화시키면 순탄한 직장생활을 할 수 있다.

첫째, 출퇴근 시간을 잘 지켜야 한다. 근태는 대다수 직장에서 그 직원의 자세를 알 수 있는 가장 기초적인 지표다. 아직도 대부분 직장에서 출퇴근 사항이 근무평정의 대부분을 차지한다. 지각하는 사원치고 일 잘하는 사람은 없다. 시차 출퇴근제 등 유연근무제를 많이 실시하는 요즘에도 출퇴근 시간을 지키는 것은 기본 중의 기본이다.

둘째, 직장 예절이다. 직장에서는 지켜야 할 기본예절이라는 게 있다. 에티켓과 매너를 제대로 습관화시켜야 한다. 에티켓에 매너까지 갖추면 품위 있는 직장인이 된다.

셋째, 능동적인 업무처리 자세다. 회의 시간에 빈손으로 들어오는 사람과 노트를 들고 오는 사람 중 누가 더 예뻐 보일까? 일을 주도적으로 이끌고 내가 마지막으로 검토한다는 자세로 철저하고 꼼꼼하게 하는 자세는 본인을 성장시키고, 남들의 조력을 이끌어낼 수 있다.

넷째, 정보의 활용이다. 정말 아는 것이 힘이다. 정보의 힘은 무궁무진하다. 정보로 인해 조직에서 선두에 있을 수도 있고 사업에서 강력한 한 방을 터뜨릴 수도 있다. 회사 내 정보 흐름을 파악하고 활용하는 것에 따라 업무의 숙련도가 달라진다. 조직 내 흐르는 정보를 잘 파악할 수 있어야 한다.

그러기 위해서는 시스템과 네트워크에 능해야 한다. 회사 언어와 서식에 적응하고 정보의 소스와 활용법을 알아내어 자신의 업무에 활용해야 한다. 사람에 대한 정보도 중요하다. 샐러리맨으로 살아가든 창업을 하든 가장 중요한 것은 사람 그리고 사람과의 관계다.

다섯째, 주인의식이다. 자신이 다니는 회사를 자랑스럽게 여기고 즐겁게 일하면 능률도 오르고 성과도 창출한다. 재미와 의미가 있는데 자신감이 안 생길 리 없다. 주인이 되면 보지 못하던 것들을 보기 시작한다. 문제점을 개선할 제안과 대안을 제시하는 데 집중하게 된다. 문제를 대하는 태도에 따라 향후 회사에서 주류가 될지 비주류가 될지 정해진다.

사실 성공을 만드는 원동력은 너무나 기본적인 것을 잘 지키고, 실천하는 것에서 이뤄진다. 수많은 석학들과 세계 구루들이 강조한 명언들을 보라. 하나같이 평범하기 짝이 없다. 문제는 그 평범한 격언을 제대로 실천하는 사람들이 얼마나 되느냐이다. 사실 그 격언을 문자 그대로 실천만 한다면 누구나 스티브 잡스나 빌 게이츠가 될 수 있다.

사회, 학교, 회사 등 단체와 관련된 곳일수록 가장 필요한 덕목이 기본기이다. 조직 안에서 우리는 기본기를 지키기 위해 살아간다. 기본기를 소홀히 하다가는 큰 코 다치기 쉽다.

아들딸들을 위한 아빠의 멘토링

Q: 운 좋게 입사를 했더라도 입사 후 3년이라는 골든타임을 어떻게 보내느냐에 따라 비즈니스 정글에서 살아남을 것인가, 실패하고 물러설 것인가가 결정되는 것 같아요. 어떻게 해야 이 골든타임을 알차게, 보다 의미 있게 보낼 수 있을까요?

A: 자의든, 타의든 버틸 것인가, 떠날 것인가를 결정할 수밖에 없는 상황에 놓일 때가 한 번쯤은 오는 것 같습니다. 입사 후 처음 3년은 매우 중요한 시기입니다. 조직에 최적화된 인재로 각광받든, 자립할 능력을 갖추어 조직을 떠나든 3년이라는 시간을 알차게 보내는 사람만이 언제 어디서든 떳떳하고 당당하게 설 수 있습니다.

보통 직장인들에게 3, 6, 9년마다 고비가 찾아오곤 합니다. 특히 3년차 직장인이 가장 많은 갈등의 기로에 서기 쉽습니다. 조직과 업무에 익숙해지는 것과는 반비례로 회사 생활에 치이고 불투명한 미래에 좌절하는 등 '직장 사춘기'가 찾아오는 시기이기도 합니다. 이때를 잘 견디지 못하고 첫 직장을 떠나는 이들이 생각보다 많습니다.

"내가 생각했던 인생은 이런 게 아닌데", "이 일이 나에게 맞는 것인가", "다른 길을 찾아야 하나?" 등의 회의감에 잘 빠지는 이유는 과거 세대와 다르게 요즘 세대들이 추구하는 가치들이 많이 달라졌기 때문입니다.

돈, 권력, 명예, 성취감 같은 전통적 가치보다 개인이나 가족의 행복과 삶의 질을 더욱 중시하는 요즘 세대들은 회사를 다니는 동안 치열한 경쟁에 치이고, 상사나 선배들이 줄줄이 권고사직을 당하는 현실을 목격하면서 인생을 다른 각도에서 성찰하기 시작하기 때문입니다.

하지만 사춘기의 방황을 슬기롭게 잘 극복한 아이가 훌륭한 성인으로 자라듯 직장 초년생의 방황기를 잘 보내면 훌륭한 조직인이 될 수 있다고 생각합니다. 그렇다고 묵묵히 다 견디라는 것이 아닙니다. 삶의 기회비용을 따질 필요가 있습니다. 조직보다 더 중요한 내 주변의 존재나 가치들도 많은데 그것들 역시 잘 둘러보는 것이 중요합니다.

성장하려면 매 순간 아프고, 극복하라

"먼저 직장을 얻어라.
그리고 그 첫 번째 직장을 소중하게 생각하라.
그런 다음 근면하고 성실하게 최선을 다하는 업무태도를 길러라.
또한 학습하고 관찰하여 자신의 일의 요(要)를 파악하라.
그 후에는 직장에서 꼭 필요한 존재가 되라.
그리고 인격을 갖춘 겸손한 인간이 되라."
- 러셀 -

진주는 조개의 몸속에서 만들어지는 보석이다. 조개의 몸속에 이물질이 들어가면 상처로 인해 조개는 많이 고통스러워한다. 조개는 이물질을 뱉어내지 못하면 자신의 분비물로 감싼다. 분비물로 감싸 안은 이물질이 나중에 아름다운 진주가 된다.

사람에게도 상처가 있다. 그 상처로부터 진정한 아름다움을 만들 수 있다.

우리나라 대학생들은 스무 살이 훨씬 지나도 자신이 어떤 사람인지, 자기 삶의 가치가 무엇인지조차도 모른다. 스펙을 위해 소중한 시간과 노력을 낭비하는 청년들이 무수히 많다. 하지만 스펙보다 더 중요한 것은 가치와 인성이다.

경험을 통하여 자신의 인생에서 소중한 가치를 찾지 못한 사람은 취업에 성공하기 어렵다. 그런 사람은 취업에 성공해도 결코 행복해질 수 없다. 일에서 가치를 찾을 수 없으니 허탈감이나 절망감에 빠질 수밖에 없기 때문이다.

미시간 대학을 나온 석준이도 한때는 방황하는 청춘이었다.

"넌 뭐가 되고 싶어? 어떤 사람이 되고 싶어?"

어떤 회사에 취직하기를 원하느냐는 질문보다 나는 어떤 사람이 되기를 바라는지를 알고 싶었다. 하지만 실망스럽게도 아들의 대답은 가벼웠고, 무성의했다.

"아직 젊은데 그런 게 필요한가요? 딱히 하고 싶은 것이 없는걸요?"

자신이 그리는 큰 그림이 없다는 것은 당장 생활에 큰 영향을 주는 것은 아니지만 다소 슬픈 일이다. 한국에 있던 나는 미국에 있는 아들에게 많은 편지를 썼다. 마치 연 날리는 사람의 조마조마한 심정으로. 나 역시 우리 아이들이 하늘처럼 넓은 세상 속에서 자유롭게 날기를 바랐다. 하지만 부모들은 결코 연이 될 수 없다는 사실을 깨달았다. 뒤에서 꼭 연줄을 쥔 채로 그저 바람이 부는 방향을 맞추어 날아가는 것을 바라만 볼 뿐이었다. 바람을 이용해 하늘 높이 날든, 역풍을 맞아 바닥에 추락하든 그건 아들의 몫이었다.

그나마 우리 아이들은 잘 커주었다. 자식들이 제대로 가고자 하는 방향으로 이끌어주는 나를 향해 감사인사를 보내 줄 때면 매우 뿌듯했다. 나 역시 자신들의 인생을 스스로 선택하고 성장하려는 아이들의 노력이 그저 고마웠다. 하지만 모든 청춘들이 그런 것처럼 우리 아이들 역시 힘든 시기가 없지는 않았다. 특히 구직 초기와 직장 초년생 시절 아들은 방황하기도 했다.

미시간대 경제학과 졸업반인 아들이 메릴린치 Japan에 입사 확정이 되어 기뻤던 것도 잠시, 서류 준비가 문제가 되어 취소가 되어 자존심이 몹시 상한 아들에게 아내가 위로 메일을 보낸 적이 있었다.

"아들, 좋은 회사가 따로 있니? 네가 적응 잘하고 재미있어 하면 그곳이 바로 좋은 회사지. 너 같은 보석을 데리고 가는 회사야말로 땡잡은 거야."

25살 사회 초년생일 때는 꽤 큰 방황을 했다. 아마도 자신이 꿈꾸던 회사 생활이 아니었던 탓도 있었겠지만 기대하던 이상과 현실의 괴리는 언제나 남루한 법이다. 나는 미국이라는 어

아들과 친구들 함께

려운 환경 속에서도 고등학교에서 공부 잘하고 체조도 잘하는 우수한 동양인 학생이었던 아들의 과거 모습을 상기시켰고, 미시간 대학에 들어갔을 때 기뻤던 부모의 마음과 아들을 자랑스러워하던 미국 친구들을 떠올리게 했다. 아들의 친구들은 정말 석준이를 좋아해 한국의 우리 집으로도 놀러올 정도였다.

그런 상황을 견디지 못하고 석준이가 불평불만을 얘기할 때마다 내가 할 수 있는 모든 조언을 해주면서 1년만 참고 견뎌보면 본인 실력과 능력을 발휘할 때가 올 게 확실하다며 '1년'의 중요성을 말해주었다.

처음에 당부했던 1년을 간신히 넘기는가 했는데 어느덧 영업과 마케팅에 흥미와 자신감을 보이며 회사 안에서 우수한 업적을 내는 영업사원으로 커나가는 것을 보니 기특했다. 그러다 보니 3년이 흘렀다. 어느 날, 석준이에게 조심스럽게 귀국을 타진하기 시작했다.

나는 아들에게 13년의 미국생활을 다시 점검하고 다음으로 비상할 수 있는 준비를 위해 중국 CEIBS MBA를 추천했다. 석준에게 나는 "글로벌 리더가 되기에 충분한 학력과 경력을 가진 데다가 영어와 일본어, 그리고 중국어라는 외국어 실력을 가진 사람이 60억 인구 중 몇이나 될까?"라고 물었다. "아버지는 네가 중국어를 배워서 더 넓은 세상으로 나가 살았으면 좋겠다!"라고 뜻을 내비쳤다.

팍스차이나라 불릴 정도로 거의 미국에 버금가는 경제력과 영향력을 가진 중국을 더 접하기를 바랐다. 직장에 다니면서 입학은 어려우니까 미국 생활을 정리하는 계기로 삼아주기를 내심 바랐다. 다행히 이미 미국에서 자리 잡은 아들 본인이 확고히 결심하지 않으면 어쩔 수 없는 일이었음에도 아버지인 내 뜻을 받아들여 주어서 매우 고마웠다. 결코 쉽지 않은 결정이었을 것이다.

2012년 12월, 14년의 미국생활을 과감히 정리하고 귀국하여 국내에 들어왔다. 2013년 석준이는 중국에서 1위, 전 세계 11위인 CEIBSChina Europe International Business School MBA 과정에 합격했다. MBA과정에서는 북경대나 칭화대보다도 CEIBS가 더 높이 평가를 받고 있었다. 중국에서 비즈니스의 네트워크로서는 최고로 인정받고 강의 전 과정이 영어로 진행이 될 정도로 공부하는 수준은 높았다. 치열하고 어려운 과정을 무사히 마치고 석준이는 2015년 4월에 졸업했다.

그즈음 나는 석준이가 중국이나 미국에서 직업을 잡는 것을 반대하지는 않았지만 한국인이니까 아들이 고국 생활을 좀 경험했으면 하고 바라고 있었다. 엄연히 뿌리가 있는데 오랜 외국생활 때문에 조국에 대해 너무 모른 채 살아간다는 것은 말도 안 된다고 생각했다.

유대인들이 그들의 뿌리를 항상 생각하면서도 전 세계를 무대로 활약하는 것처럼 아들 역시 한국인이라는 인식을 명확히 가진 채로 세계를 무대로 활발하게 살아가기를 바라는 부모의 마음이었다. 2015년 5월 LG전자 VC사업부 아시아 영업본부에 경력직 대리 3년 차로 입사했다. 확실히 어릴 때부터 외국 생활을 하며 공부했던 아들은 언어능력과 문화이해력이 뛰어났다. 다양한 배경의 고객을 만나는 데에도 어려움이 없었다.

아들보다는 더 이성적이고 차분한 딸아이도 인생에서 방황을 하지 않았던 것은 아니다. 예민한 성격의 딸은 완벽을 추구하는 타입이다. 2004년 7월 대학 3학년생인 규리는 모건스탠리 Japan 인턴으로 2달간 도쿄에서 근무한 경험을 바탕으로 정식 입사를 했다. 본인의 능력도 있지만 승부욕 강하고 빈틈없이 철저한 성격 덕에 빠르게 업무를 익혀 나갔다. 문제는 그 완벽을 추구하는 성격 탓에 종종 직장 내 인간관계나 업무와 관련되어 스트레스를 많이 받는다는 것이었다.

새로운 미래를 갈망하지만 녹록지 않은 현실에서 갈등하던 딸에게 나는 조언했다. 나는 직장생활이나 인생을 장거리 마라톤에 비유를 하면서 컨디션을 조절할 것을 당부했다. 물론 힘들 때 참는 것만이 능사는 아님을 이야기해 주었다. 딸의 스트레스 해소법으로 요가를 권한 것도 나였다.

나 역시 삼성이라는 남들이 선망하는 대기업에 들어왔지만 조직 생활 특유의 매너리즘에 빠져들 당시 그 슬럼프를 극복하기 위해 일본어를 공부하고 대학원을 다니면서 돌파구를 마련했던 경험이 있었기에 가능했던 충고였을 것이다.

부모의 조언을 듣고 잘 적응한 결과 5년 동안 맹렬 커리어우먼으로 변신했고 결혼하고 출산을 한 지금도 유명 미국 투자관리회사 PIMCO의 도쿄지점에서 잘 근무하고 있다.

솔직히 1년 차일 때도 고민스럽지만 경력이 쌓이면서도 고비를 맞이할 때도 있다. 3년 차, 5년 차 정도 되었으니 자신의 실력이 저절로 늘어난다고 생각하기 쉽지만 성과를 창출하는 역량은 언덕길을 오르듯이 매 순간 조금씩, 시간이 지난다고 저절로 늘어나지 않는다. 내 손으로 성과를 만드는 역량을 키우기 위해서는 여러 번의 성장단계를 밟고 올라가야 한다.

개인의 성장은 일을 하다가 정말 괴롭고 지칠 정도로 몰입했을 때, 해도 해도 끝이 보이지 않는 일의 한가운데 있을 때 급작스럽게 찾아오는 법이다. 그 막막한 순간에 그동안 자신이 갈고닦은 역량이 부지불식간에 빛을 발한다.

이상한 말이겠지만 나는 내 아이들이 매순간 성실하게 아프기를 바랐다. 청춘의 시간에도, 조직생활 신입생 시절에도, 앞으로의 먼 나날에도……. 하지만 내가 그 이상으로 바란 것은 그 모든 아픔들이나 시행착오들을 성실하게 극복하는 것이었다.

"도전을 두려워하지 마라, 현실에 안주하지 마라. 용기 있는 사람이 기회를 잡는다! 나 역시 그렇다. 도전을 두려워하지 않는 직장인들은 스트레스도 적당히 즐긴다. 그리고 실패를 하면 좌절하기 전에 뭘 배울까 먼저 살핀다. 자기 인생과 일의 주인이 되고 싶다면 노력해야 한다. 변명하는 것을 싫어하고 변화하는 것을 좋아하라! 그래야 지금은 아파도 성장할 수 있단다!
딸아! 아들아!"

아들딸들을 위한 아빠의 멘토링

Q: 기업에서 필요로 하는 스펙들을 준비하는 것도 취준생 입장에서는 쉽지 않
습니다. 비용을 들여야만 하는 스펙 쌓기에 몰두하면서도 세상의 틀에 나를
억지로 맞춘다는 공허하고 씁쓸한 느낌을 느끼지 않을 수가 없습니다.

A: 스펙보다 스펙을 담을 인성과 사람이 더 중요한 법입니다. 진짜 중요한 것
은 스펙 쌓기가 아니라 경험과 능력 쌓기입니다.

우리나라와 같이 대규모 공채 문화가 발달한 곳에서 스펙은 기업이
간편하게 선택할 수 있는 기준이었던 것이 사실입니다. 하지만 요즘
취업시장에서는 '능력중심채용'이라는 말이 회자되고 있습니다. 학점
이나 토익 성적 등의 스펙 대신, 직무 수행 현장에서 필요한 능력을
지원자가 갖추었는지 평가하여 채용한다는 것입니다. 한 온라인 취
업 포털에서 실시한 설문조사에서 '취업시장에서 비정상이라고 생각
되는 것'을 조사했는데 1등이 '실무에 필요 없는 스펙 쌓기'라는 결과
가 나온 적이 있습니다. 솔직히 어학연수 경험이나 봉사활동, 자격증
같은 인스턴트 스펙이 실무능력에 기여하는 바는 미미할 정도입니
다. 차라리 그동안 지원하는 기업의 직무와 관련된 경험을 쌓거나 이
해도를 높인 응시자를 더 좋게 보는 경향이 많습니다.

좋은 학교 출신이거나, 학점이 높거나, 외국어 성적이 뛰어나거나,
자격증이 많다고 높은 성과를 거두는 것은 아니라는 점은 이미 많은
연구나 실제 사례를 통해 확인됐습니다. 사실 유명한 외국계기업 대
부분은 인재 채용 시 정형화된 자기소개서를 요구하지 않습니다. 직
무와 관련된 구체적인 업무경험이나 학습경력을 기재해 해당 직무에
서 성과를 낼 수 있다는 점을 강조하기만 해도 취업에 전혀 무리가
없습니다. 우리 사회도 서서히 그렇게 바뀌는 조짐을 보이고 있어 그
나마 다행이라고 생각합니다.

삼성이 아니라
LG를 추천한 아버지

"당신의 비전이 오늘을 향해 있다면
당신은 오늘의 일을 하는 것이고,
당신의 비전이 15년 뒤를 바라본다면
당신은 15년 뒤의 일을 하는 것이다."
- 이신 마윈 -

사람들은 왜 삼성 임원으로 있었던 아버지가 아들을 LG그룹에 입사시켰는지 궁금해 한다.

솔직히 내가 퇴임한 후 외부에서 객관적으로 보는 삼성은 옛날과 많이 달라진 듯하다. 과거 정말 열심히 일해 성장하는 미래와 국가의 장래를 위해 앞장섰던 삼성그룹이 지금이 약간 균열이 있는 조직으로 보이는 것도 사실이다.

아직도 현직에서 근무하는 후배들도 그런 말들을 한다. 예전 우리 세대가 조직에 가졌던 충성심을 볼 수가 없다고. 심지어 출세하고자 하는 욕심 많은 사람들이 주요 자리에서 전횡을 휘두르는 경우도 종종 있다고 한다.

각자의 역할을 갖고 성장하고 발전해야 하는 그룹사에 반도체 사업 성공 DNA를 심는다는 명목으로 각 회사들의 개성과 특성을 무시한 경영이 이뤄지고 있는 현재의 삼성 안에서는 조직원들의 동력이 쇠퇴되고 존재에 대한 근원적인 위기감과 불안감에 시달리고 있다고 한다. 별로 좋은 징후는 아닐 것이다.

특히 그룹사의 대표나 임원들이 단기적인 성과에 연연하는 동시에 자신의 자리 유지에만 관심을 가지고 있고, 인센티브만을 생각하는 문화가 지금 삼성에 팽배해 있는 것 같다.

솔직히 삼성 임원 출신인 나지만 해외생활을 23년 동안 한 아들에게 추천할 수가 없었다. 아니 그러고 싶지 않았다. 왜냐하면 만약 아들이 입사를 하더라도 그렇게 오래 근무할 것 같지 않았기 때문이다.

국내 기업 중 그나마 외국 유학생 출신들이 선호하는 LG를 추천한 것은 그 기업이 가진 편안함 때문이었다. LG와 더불어 비슷한 조직문화를 가진 한화그룹도 추천했지만 결국 LG에 합격했다.

그동안 삼성은 우리나라에서 1등으로 성장하고 세계적으로 반도체, 디스플레이, 무선 사업까지 최고의 자리까지 올라가 본 기업이다. 하지만 잘 알겠지만 1등은 1등만이 가지는 강박증과 초조함이 있다. 정상에 오른 자는 이제 조금씩 내려갈 수밖에 없는 숙명만 남아 있다.

영원히 1등을 하기 위해서는 더 많이, 뼈저리게 변신해야 한다. 변화에 인색해서는 추월당하기 십상이기 때문이다.

그런 의미에서 추락하지 않기 위해 늘 쇄신하고 혁신해야 한다는 갈망은 나쁘지 않다. 하지만 그런 불안감과 강박관념을 갖고 있는 조직 속에서 조금은 자유로운 영혼을 가진 아들이 반드시 부딪힐 것만 같았다. 6개월도 안 돼 회사를 박차고 나오는 것보다는 좀 더 장기전을 대비해 아들에게 맞는 기업문화를 가진 조직을 추천할 수밖에 없었다.

남들보다 앞서야 한다는 강박관념은 자칫 우를 범하게 만들 수 있다. 긴장을 잘하기 쉽고 경직된 문화를 만들기 쉽다. 나쁘지 않은 의미로 국내 선두 기업군이기는 하지만 선두가 아닌 LG그룹에 입사하는 것을 환영한 것은 오히려 나였다.

아들 석준이의 리버리빌 고교 시절(2001년)

삼성이 초조함을 계속 고수하면서 그것을 갖고 있게 된다면 헛발질을 할 수밖에 없다. 아주 단기적인 부분에서는 성과가 더 나을 수도 있다. 삼성같이 전문경영인 체제가 잘 잡혀 있는 기업에서는 더더욱 단기적인 실적과 성과에 목맬 수밖에 없는 구조를 갖고 있다.

아닌 말로 P/S, P/I를 더 받으려면 단기업적 중심에서 큰 그림을 그릴 여유가 없게 된다. 5년 뒤, 10년 뒤를 바라보면서 미래 먹을거리를 개발하기 위해 투자하는 일이 중요한 줄은 알지만 실현하기가 쉽지 않게 된다. 단기적인 성과에 연연하다 보면 긴 스텝으로 가야 하는 부분에 대한 철학도 장기적인 비전을 세우기가 쉽지 않아진다.

원래 창업주 이병철 회장님에 뒤이은 이건희 회장님 때는 이런 빅 픽처를 그리는 것을 잘해왔고 무서울 정도로 철저하게 챙겼다. 사실 당시 LG그룹 역시 훌륭하지만 우리 시대 우리 손으로 이렇게 키운 삼성의 전성기 시절은 현재도 미래도 정확했다. 조직원들이야 그 예측이 얼마나 정확한지는 사실 잘 몰라도 뭔가 확신을 가지게 하는 힘이 오너 일가뿐만 아니라 그룹 내 컨트롤타워 안에서 잘 공유가 되고 수긍이 되었다.

하지만 현재는 상황이 많이 변한 것처럼 보인다. LG그룹은 미래 먹을거리로 디스플레이에서 더 나아가 VCVehicle Comfornant 사업에 사활을 걸고 있다. 오너가 정말 지속적으로 집요하게 챙기고 있다. 이제야 새 판과 조직을 짜고 있는 삼성과는 아주 대조적이다.

장기적인 전망으로 본다면 LG그룹의 VC사업 성장속도는 절대로 무시할 수 없는 수준으로 올라설 것으로 보인다.

이런 나의 고심 끝에 들어간 LG그룹에서도 미국에서 4년의 직장 생활을 한 석준이는 한국 특유의 경직된 문화와 조직주의를 답답해하곤 해서 나는 많은 조언을 건넸다. 언제 우리나라를 떠나 더 큰일을 할지 몰라도 어느 정도는 우리나라에서 조직 생활을 해보는 것도 나쁘지 않고, 이왕 하려면 최소한 3년은 경력을 쌓고 과장의 타이틀을 받으라고 했다.

솔직히 모든 기업은 신입보다 경력을 선호하고 기왕이면 대기업 경력이면 유리한 것은 사실이다. 그 경력이라는 것도 한 기업에 적어도 3년 이상은 몸을 담아야 가시적인 성과를 이룰 수 있다고 생각한다.

성공적인 프로젝트 결과물이 있어야 평판 조회에서 '그 사람 일 잘하는 사람'이라는 소리를 들을 수 있고, 이는 재취업 여부에 큰 영향을 끼치고 있다. 물론 결과물 외에도 리더십이나 도덕성 역시 중요하다.

아들의 입장에서 듣는 한국 기업의 문제점과 병폐뿐만 아니라 한국 기업만이 가진 장점과 힘에 대한 이야기들, 그리고 외국 기업과 다른 조직력과 기업문화에 관한 이야기는 내가 기업을 경영하는 데 꽤 유용한 소스로 활용하고 있다.

아들딸들을 위한 아빠의 멘토링

Q: 직장을 다니면서도 의욕이 없고 갈피를 못 잡는 직장인 사춘기증후군을 앓는 것 같습니다. 이 위기를 어떻게 하면 벗어날 수 있을까요?

A: 당신이 정말 유능하고 현명한 젊은이라면 '현실'과 '이상'을 판별해야 합니다. '지금'에 최선을 다하지 못하는 사람이라면 '다음'도 역시 최선을 다해 몰두하고 집중할 수 없습니다. 직장을 '위치'로 보지 말고 '가치'로 판단해야 직장인사춘기를 극복할 수 있습니다.

직장 초년생 시절 누구나 한 번씩은 마치 사춘기를 겪는 청소년처럼 심리적으로 싱숭생숭하고 알 수 없는 불안 상태에 빠지거나 이유 없는 반항심에 사로잡히기도 합니다.

'이 길이 과연 내 길인가?', '내가 생각하는 인생은 이런 게 아닌데……'

좋지 않은 회사나 자신이 원한 레벨의 기업에 취직하지 못한 젊은이들만 그런 것이 아닙니다. 대기업에 취직한 사람이나 공무원 고시 등에 합격한 젊은이들 역시 적잖게 파랑새증후군을 앓는다고 합니다. 그만큼 능력 있고 공부 잘하는 사람들인지라 엘리트 의식이 강한 젊은이들은 상사나 선배들의 '뻔한' 조언이나 위로가 귀에 들어오지도 않습니다. 그들은 현재의 '위치'에만 집착할 뿐 앞으로 자신이 조직에서 만들어 나가고 지켜야 할 '가치'를 못 보는 것입니다.

더 나은 곳을 향해 꿈을 계속 꾼다는 것을 나무랄 수는 없지만 오래도록 조직생활을 해 온 사람으로서 그들이 매우 안타깝게 여겨집니다. 현실과 이상을 판별하는 안목이 있어야 합니다. 정녕 큰 꿈이 있을수록, 도전하고 싶은 용기가 있을수록, 지금 그곳에서 당신이 하고 있는 일에 완전한 사람이 될 필요가 있다는 말을 꼭 조언하고 싶습니다.

'지금'에 최선을 다한 다음에도 만족할 수 없다면 '지금'을 잘 마무리한 다음에 '다음'을 노려야 합니다. 훗날 다른 일을 하는 일이 지금의 업무나 인맥과 이어질 수 있는 것이 우리네 인생사이기 때문입니다.

쉽고 현명하게
변화하는 법

"당신의 선택이 당신이 누구인지를 말해 준다."

- 브라이언 트레이시 -

초등학교 시절 가난, 공고 출신, 2류대 출신, 특전사 차출 등의 평범하지 않은 모든 환경을 극복한 순간순간이 모여 지금의 내 후회 없는 삶을 만들었다고 확신한다.

나는 내가 가진 조건이나 환경에 순응하고 그냥 주저앉지 않았다. 내가 할 수 있는 최선의, 최상의 변화를 이루기 위해 늘 노력했다. 사실 변하는 것은 꽤 힘든 일이다. 운동을 안 하던 사람이 하루아침에 마라톤을 완주하고, 높은 산을 종주하는 것은 어렵다. 어떻게 하면 쉽고 현명하게 변화할 수 있을까?

첫째, 한꺼번에 모든 변화를 이루려고 기대해서는 안 된다. 간단한 일부터 조금씩 쌓아올려야 한다. 우리가 성공적으로 변화하기 위해서는 우리가 해야 할 '변화'들이 아주 사소하고, 가볍고, 부담이 없어야 한다. 우리의 뇌는 갑작스러운 변화를 생존에 대한 위협으로 받아들인다. 즉, 인간의 뇌는 변화를 극도로 싫어한다.

안 하던 운동을 하는 것도, 안 하던 공부를 하는 것도, 잘 먹던 음식을 끊는 것도, 잘 마시던 술을 끊는 것도, 우리의 뇌는 모두 갑작스런 상황의 변화로 인식하여 방어 반응을 작동하는 것이다. 조금씩 성공 경험을 쌓는 것이 중요하다. 작은 성공이 주는 만족감과 자신감이 더 큰 성공을 견인한다.

둘째, 지속이 중요하다. 중요한 것은 끝까지 가는 것이다. 중간에 멈추면 시간낭비일 뿐이다. 기업의 정글은 시장이다. 시장에서 영원한 강자도 패자도 없다. 스스로 노력에 따라 모든 것이 변한다.

셋째, 올바르게 변화하는 것이 중요하다. 방향과 가치가 바른 것이어야 한다.

솔직히 변화는 속도가 아니라 방향이 중요하다. 될 수 있으면 많은 것을 빨리 변화시키려고 하는 사람들이 우를 잘 범하기 쉽다. 빠르게 잘못된 방향을 가 버리면 나중에 좌표 수정을 하는 것이 더 힘들어질 때가 있다.

과정보다는 결과를 중요시 여기는 사람들은 새로운 일을 시작할 때 '할 수 있을까?', '못하면 어떡하지?' 같은 생각에 사로잡히기 때문에 타고난 탐구욕을 제대로 발현하지 못하는 경우가 많다.

아니면 오히려 반대급부적으로 빠르게 결과를 내기 위해 반칙을 쓰기도 한다. 하지만 과정을 중요시하는 하는 사람들은 '내가 할 수 있을까?'가 아니라, '어떻게 할 것인가'를 생각하기 때문에 일을 하려면 어떤 단계를 밟아야 하는지에 주의를 집중한다.

성과나 성공 지향으로 인해 우리 사회나 현대인들은 많은 것을 잃어버렸다. 공동체 의식, 이타주의, 이웃에 대한 배려와 사랑 등의 좋은 가치들이 점점 사라지고 있다.

특히 성과에 매몰돼 '인간'을 절대 잃어버려서는 안 된다.

"우는 사람과 함께 울고, 슬퍼하는 자와 함께 슬퍼하고, 환자 문병하기를 주저하지 말라. 살아 있는 동안 친구에게 친절을 다하라. 될 수 있는 한 손을 내밀어 원조하라."

유대인들이 즐겨 읽는 고전에 나오는 말이다. 유대인이 유랑 민족으로서 최고의 성공한 민족이 된 배경에는 서로 도와주고 먼저 한 손을 내밀어 원조해주는 정신 때문이다.

삶의 방향이 분명하면 온 삶이 분명해지게 된다. 하지만 삶의 방향이 분명하지 않으면 모든 삶이 불안해지고 문제투성이가 되고 만다.

속도라는 허망한 집착에서 벗어나야 한다. 조금 늦어도 괜찮다. 방향만 정해져 있다면 시간은 아무런 문제가 되지 않기 때문이다. 삶의 속도에 매몰되지 않아야 한다는 말이다.

삶의 방향과 함께하는 속도가 적당한 속도다. 삶에서 속도가 요구되는 경우가 있다. 변화하는 상황에 즉시 대응해야 할 때다.

하지만 삶의 궁극적인 방향을 잃어버린 채 당장의 변화에 대한 대응에만 집중되어서는 생존을 보장할 수 없다. 방향을 잃었음에도 늦을까 봐 뛰다가 결국 낭떠러지에 떨어진다면 오히려 달리지 않은 것만 못한 것이 되는 법이다. 살아있어야 다시 달리기라도 할 수 있다.

돌이켜보면 내가 어려운 환경 속에서 꿋꿋하게 버티면서 괜찮은 환경을 만들어 나갈 수 있었던 이유는 긍정적으로 생각하고 옳은 방향으로 뛰어갔기 때문이라고 생각한다.

아들딸들을 위한 아빠의 멘토링

Q: 제 인생의 좌표가 잘못 설정이 된 듯한 후회를 시시때때로 할 때가 많습니다. 남들이 보기에 번듯한, 하지만 정작 내게는 별다른 만족감을 주지 못하는 이 직장 생활을 끝까지 포기하지 않고, 정 붙일 때까지 노력해야 할까요? 많이 힘듭니다.

A: 계속 내 안에서 이건 아니라는, 잘못됐다는 목소리가 말을 걸어온다면 진지하게 귀를 기울일 필요가 있습니다. 이 내면의 목소리를 외면한다면 자칫 인생을 망칠 수 있습니다. 힘들고 두렵더라도 차라리 빨리 좌표를 다시 재설정할 필요가 있습니다. 빠르면 빠를수록 인생에서 버리는 기간이 짧아질 것입니다.

끝까지 포기하지 않아야 할 일은 그 앞에 반드시 '당신이 정말로 원하는 일이라고 느낄 때'라는 전제가 깔려야 합니다. 내가 진정 원하는 일이 아닌데 몰입을 하는 시간만큼 아깝게 낭비하는 시간은 없습니다.

바늘구멍을 뚫고 어렵게 대기업에 취업한 뒤 한시름 놓을까 했던 사원·대리급들뿐만 아니라 한창 업무에 집중해야 할 과·차장들도 다른 미래를 설계하는 경우가 많습니다.

왜냐하면 대기업에서는 오랜 노력 끝에 '별(임원)'을 따더라도 그렇게 생명이 길지 않은데다가 '별'을 따는 것 자체가 아주 힘든 구조이기도 합니다. 대기업 특유의 기계 부품 같은 루틴화된 업무와 생활방식에 질려서 늦기 전에 대기업 출신이라는 간판을 들고 나가 다른 평생직장으로 이직하는 것이 현명하다고 생각하는 사람들도 많아졌습니다.

백인백색이라는 말처럼 모든 사람들에게 좋은 직업, 유명 브랜드, 안락한 집, 간판 타이틀이 같은 가치를 가지는 것은 아닙니다. 보편화된 가치를 추구하다가 나만의 의미를 잃어버리는 생이 행복할 리는 없습니다.

하지만 고민은 깊게 하되, 결단은 빨리 내려야 합니다. 좌표를 재설정하는 시간이 짧을수록 되돌아가는 여정이 길지 않을 것입니다. 그래야 지치지 않고 가뿐하게 다른 길을 떠날 수 있을 것입니다.

만만찮은 조직 생활
만만하려면

"시작도 하기 전에 결과를 생각하지 말라.
다른 사람이 나를 어떻게 보는지 생각 말라.
다른 사람을 평가하지도 말라."

- 빌 게이츠 -

　석준이가 2년 전 우리나라에서 처음으로 회사에 입사했을 때 생각했던 것 이상으로 적응이 쉽지 않았다. 아들은 24년여의 외국생활을 했기 때문에 그래도 조금은 조직생활이 쉬울 것 같은 대기업에 경력사원으로 입사한 것이었지만 매일매일이 부정적 부딪힘의 연속이었던 것 같다.

　"우리나라 사람들은 왜 이래요?"

　"우리나라 대기업이 이렇게 해서 글로벌 경쟁력과 우위성을 가질 수 있다고 생각해요?"

　"기업이 금방 망할 것 같은데 어떻게 이렇게 태평한가요?" 등등 부서장 상사에 대한 불만이 하늘을 찌르며 금방이라도 회사를 때려치울 듯한 불평불만이 매일 매일 쌓여 갔었다.

우리나라 기업 안에 만연한 상명하복식 문화, 성과 중심 문화가 창의와 혁신을 막는 것은 사실이다. 회의 때 윗분들이 "얘기해, 얘기를 해봐." 해도 다들 꼭 다문 입을 열지 않는다. 과장이 사원 말을, 상무가 차장 말을 경청하는 문화가 대부분 아니기 때문이다.

많은 대기업들이 대량 생산하듯 대규모 공채로 신입직원을 뽑고, 어렵게 스카우트한 고급 인재도 제대로 활용하지 못하는 문제점을 갖고 있다. 부러움을 받으며 대기업에 입성했다가 스스로 나온 젊은 사람들은 대기업에서 권한도, 책임도 없이 '부품의 부품'으로 일하는 데서 오는 답답함과 무기력함이 컸다는 말을 많이 한다. 치밀한 관리와 조직에 대한 로열티로 성장한 대기업들이 예전 세대와 다른 가치에 우선순위를 두는 요즘 젊은이들에게 환영을 받지 못하는 것을 깊이 반성해야 한다. 통계에 의하면 대기업에 입사한 지 1년 안에 퇴사자들이 평균 37%이며 특히 S그룹은 50%에 가까운 인재들이 퇴사하여 머리가 아플 지경이 되곤 한다.

소통과 화합을 위해 악습은 사라져야 한다. 매너 없이 행동을 하거나 부하직원을 비롯한 직장 내 사람들에게 부정적인 언어를 말하는 행태는 사라져야 하며 자신의 업무를 정시에 하지 않고 미루는 습관과 일이 잘 안되면 무조건 남 탓하는 습관, 습관적으로 하는 남 뒷담, 출근·미팅 시간에 상습적으로 지각하는 습관도 고쳐야 한다. 자기 일과 남의 일을 구분하며 방어적으로 일하는 커튼주의는 조직의 발전을 가로막는 걸림돌 중 하나다.

조직에 들어가면 리더를 모시는 팔로워가 된다. 사실 리더의 자질이나 능력이 충분한 팔로워들이 엄청 많다. 하지만 이 많은 사람들 중에 제대로 리더로 변신하는 사람들은 그리 많지 않다.

정말 리더가 되고 싶다면 현재 자신 조직의 리더를 잘 따르는 것이 첫 번째 지름길이다. 따르는 법을 제대로 모르면 참다운 리더가 절대 될 수 없다. "기계의 나사가 아닌 엔진이 되어라!" 라는 소리가 있다. 이처럼 일의 노예가 아닌 일의 주인이 되는 사람들은 나름대로 특징이 있다.

먼저 스스로 일을 찾아서 한다. 그리고 자신이 수행하는 미션이 자신의 꿈을 완성시키는 소중한 과정이자 수단임을 잘 인식한다. 자신들의 의욕에 못 미치는 자신의 실력을 향상시키고자 늘 노력하는 자세를 갖고 있다. 실력도 없는데 의욕만 앞서면 조직에 피해만 끼칠 수 있기 때문이다.

내 실력과 헌신을 몰라준다고 원망하거나 여기저기 떠벌리고 다니며 불평하기보다는 의욕보다 실력으로 더 많은 것을 완성하여 훌륭한 결과를 얻기 위해 실력을 쌓는다. 당신이 맡은 일이 무엇이 되었건 그 분야에서 인정받고 싶다면 확실한 실력을 갖춰야 한다.

일에 대한 관점이 남다르다. 조직이 잘되면 자신이 잘된다는 윈-윈WIN-WIN 의식이 있다. 리더와 조직을 위한 팔로워의 역할이 나의 삶과 별개라고 생각하지 않기 때문에 탁월한 팔로워는 리더와 조직에 기여하면서 자신의 존재 가치를 인정받는다.

기업문화를 좋아하는 직원이 회사를 잘 이끌게 마련이며 회사와 직원을 한 몸처럼 여긴다. 그래서 내가 리더로 있는 조직에서 항상 던지는 화두가 '우리 회사', '우리들'이다. 이 단어들을 조직원들이 사용하는 공통어로 세뇌시킨다. '우리(=나)'가 회사의 주인공이 되어 분발하게 되면 '우리(=나)' 회사가 성장 발전하게 되고, 그러면 '우리(=나)'가 성장한다는 생각을 갖게 하는 것이다. 그래서 나는 우리 직원들이 몸담은 근무환경을 최고로 만들어주는 데 주저하지 않는다.

일의 주인이 되는 직원들은 대부분 정직하며 정직하면 조직생활에서 마주칠 수 있는 그 어떤 위험상황에서도 안전할 수 있다. 또한 근면하기 때문에 부족한 것은 노력으로 채울 수 있다.

또한 책임감이 투철하다. 책임감은 한 기업의 운명을 바꾸기도 한다. 휴렛패커드HP에는 "가장 확실한 승진 방법은 맡은 일을 해내는 것이다."라는 말이 있다.

일의 주인이 되는 조직원은 프로정신을 가지고 있다. 프로주의는 능력을 극대화시킨다. 일을 생명처럼 소중히 여겨야 한다. 정직하며 신용을 지키고 프로정신까지 겸비한 직원은 그 자신이 이미 회사의 주인이다.

아들딸들을 위한 아빠의 멘토링

Q: '꼰대(늙은이를 지칭하는 은어)'라는 단어에 걸맞을 정도로 잔소리로 점철한 화법을 구사하는 직장 상사분이 계십니다. 아무리 상사라도 싫은 사람의 얼굴을 맞대면하면서 일하는 것이 쉽지가 않아요. 대체 제가 그분을 어떻게 대해야 할까요?

A: 꼰대 상사와의 불통은 개인의 정신건강을 위협하는 엄청난 스트레스 요인 중 하나일 것입니다. 가장 확실한 해소법은 상사가 회사를 나가거나 내가 과감히 사표를 쓰는 것일 겁니다. 그렇다면 어떻게 해야 할까요? 회사는 결국 사람과 사람이 만나 뭔가 함께 하는 집단이라는 사실을 먼저 기억하고 집중할 필요가 있습니다.

논리보다는 나이, 화, 짜증, 큰 목소리로 부하 직원을 제압하고, 나이는 곧 경험이라고 굳게 믿어서 요즘 시류를 잘 아는 젊은 부하 직원들이 쉽게 끝낼 일을 어렵게 가는 꼰대 상사를 만나면 정말 회사 생활이 많이 고달플 것입니다. 하지만 사표를 던지고 스스로 나가지 않는 한, 그들과의 접점은 피할 수 없는 운명입니다.

먼저 회사라는 공조직 안에서의 공적인 관계를 벗어나는 잔소리, 지시, 짜증을 무조건 모두 다 받아들일 필요가 없습니다. 공적인 관계망 안에서의 '꼰대 화법'에 하나하나 다 일희일비할 필요가 없습니다.

그렇다고 그들을 무조건 무시하라는 말은 아닙니다. 감정적인 비판은 어떤 도움도 되지 않고 서로를 해칠 뿐입니다. 인간관계에서는 판단보다 "그 입장에서는 그럴 수도 있겠군요. 그것을 인정합니다."라는 식의 인정과 수용이 많은 도움이 됩니다. 대화의 목적은 문제의 해결이 아닌 서로의 관점을 이해함으로써 서로 '연결'되는 것입니다.

꼰대 상사를 피할 수 없다면, 그들을 바꿀 수 없다면 아직은 그들보다 유연한 부하 직원들이 넓은 마음으로 수용하고, 인정해야 합니다. 꼰대 상사와의 심각한 불통은 결국 조직에 큰 피해를 끼치는 행위입니다. '반면교사' 역시 큰 가르침을 주는 '교사'라는 마음으로 그들의 전철을 밟지 않는 부하 직원이 되어야 합니다.

성공적인
인생 3막 만들기

장수(長壽)의 역습에
당하지 않으려면

"우리의 인생은 우리의 생각에 의해 만들어진다."
- 마르쿠스 아우렐리우스 -

'두 얼굴의 축복mixed blessing'이라고 불리는 장수長壽. 준비 안 된 노후라면 오히려 불행해질 수도 있다. 50대 이후에도 여전히 경제적으로 쪼들리고 궁핍이나 불안한 미래로 인해 전전긍긍하는 사람들이 점점 많아지고 있다.

하지만 개중에는 자기의 선택과 노력에 의해 50대 이후 다시 비행하여 인생의 정점에 한번 이상 도달하는 사람들도 분명 있다. 그들은 '제2의 성장'을 시도한 사람들이다. 특히 평균수명이 갈수록 길어지는 고령화 사회에서는 개인이 선택해서 노력한다면 '제3의 인생'까지도 만들 수 있다는 것이다.

퇴직을 해도 은퇴를 미룬 채 기회만 오면 재취업이나 창업을

통해 일터로 나가는 '반퇴半退시대'가 이제는 낯설지 않은 용어
가 되고 있다. 하지만 재취업이나 창업이 말처럼 쉬운 일만은
아니다.

장수의 역습에 당하지 않으려면 여러 가지를 안배하고 준비
해야 한다.

먼저 은퇴 생활에 대한 구체적인 포트폴리오를 짤 필요가 있
다. 무엇이 당신을 행복하게 할지를 고려해, 은퇴 후 삶에서 재
정적 측면이 아닌 삶까지도 계획하는 것이 중요하다.

자신에게 기쁨을 주는 일들을 찾아 인생을 구성해야 한다. 단
순히 돈을 벌거나 생계를 유지하기 위한 직업을 찾는 것이 다
가 아니다. 직업적 인생 못지않게 중요한 것이 자신의 행복이
다. 여행이나 취미, 심지어는 새로운 커리어를 위한 훈련이 있
을 수 있다.

두 번째, 계속 지적 자극을 유지할 필요가 있다. 평생학습은
당신의 정신을 영민하게 유지시킬 기회를 제공한다. 최근 2016
년 9월부터 창조성 아카데미에 등록하여 삶을 살찌우기 위해
노력하고 있다. 한 조직의 CEO 생활이 오래될수록 멘토가 필
요하다는 걸 느끼며 새로운 지식과 간접경험이 필요하게 되었
으며 다양한 과정과 훌륭한 강사들의 강의를 들었다. 그러면서
몰랐던 지식을 습득하고 새로운 원우들을 만나 제3의 인생 활
동이 시작되는 것을 느꼈다. 또한 나이를 먹는 것이 더욱 원숙

한 인생을 설계할 수 있다는 모델들을 발견한 것이 아주 큰 소득이었다.

지식을 습득하고 뇌를 자극하면 치매를 방지하는 효과를 얻을 수 있다는 과학적 자료를 접하기도 했다.

세 번째, 자원봉사활동을 하는 것도 좋다. 자신이 속한 커뮤니티에 관여하는 것은 훌륭한 사회환원이면서 동시에 사람들과 교류하고 새로운 친구들을 만들 수 있는 훌륭한 기회다.

평소에 봉사활동에 관심이 많아 직원들과 함께 2년 전부터 어려운 사람을 위한 연탄기부, 농촌봉사, 복지관 배식봉사활동을 꾸준히 하고 있는데 일본계 회사가 봉사활동하는 것을 사람들은 더 특별하게 여기는 것 같다. 하지만 그것보다 더 중요한 것이 있었다. 남을 위한 봉사활동을 했는데도 자기 자신의 정서적 만족감과 회사에 대한 자부심이 매우 커졌다는 직원들의 말을 들으면서 다시 한 번 봉사의 중요성을 깨닫게 되었다.

2016년 11월 9일에는 우리나라에서 열심히 활동하고 있는 일본인 주재원들이 우리나라에서 활동하는 데 도움이 되는 우리나라 글로벌 기업의 해외진출 및 중기전략에 대해 연세대 행정대학원 AEP과정Gateway to Korea에서 일본어로 강의했었다. 이런 것이 민간 외교관으로 재능기부라고 생각한다. 앞으로도 기회가 주어지면 교육도 받아 지식을 채운 후 나의 경험과 재능을 필요로 하는 곳이면 마다하지 않고 달려갈 것이다.

2016년 6월 30일 몽골 트레킹

　네 번째, 새로운 친구들을 사귈 필요가 있다. 가족과 친구를 포함한 사회적 네트워크 속에 속해있는 사람들이 그 네트워크에서 소외된 사람들에 비해 행복할 가능성이 매우 높다.

　2003년 삼성 현역시절에 투자했던 서울대최고경영자과정 GLP 모임에 지금까지 부부 동반으로 참여해 그들과 인생에 대해 많은 것을 함께 나누고 있다. 또 2060트레킹클럽을 통해 새로운 멤버들을 만나 인생의 동반자로 대화하며 즐기고 살고 있다. 사람들을 만나 새로운 친구를 사귀는 것은 가능하다. 우정이 장수에 도움이 된다는 것은 확실하다.

　다섯 번째, 배우자나 파트너를 소중히 여겨야 한다. 특히 그들과 꿈을 공유하는 시간을 갖는 것은 중요하다. 4~5년 전부터 주말에 집사람과 함께 영화 관람하는 습관을 만들어 흥행에 성공한 영화는 거의 다 보았다. 취미를 함께할 수 있다는 점에서 자그마한 변화이지만 늘 감사하고 행복하게 생각한다. 은퇴 생활에서 오는 삶의 변화가 힘들더라도 생을 바라보는 자신의 태도가 은퇴 생활의 질을 좌우한다는 사실을 알아야 한다.

여섯 번째, 인생의 2모작 전략은 경제성보다는 '하고 싶고, 잘할 수 있고, 즐거울 수 있는 일'을 선택해야 한다. 이 중에서 가장 으뜸은 '즐거울 수 있는 일'이라고 생각한다.

지금까지의 나의 과거를 되돌아보면서 1970년 초에 무역이라는 단어에 매력을 느껴 학부전공으로 선택한 후, 지금까지 특전사 장교생활 2년 반을 제외한 40여 년을 지속해서 한결같이 그 업에 종사하고 있다는 것은 진정으로 내가 그 일을 즐기기 때문이라는 것을 깨달았다. 이렇게 즐기는 일을 오랫동안 누리기 위해서는 건강을 지켜야 한다. 잘 먹으면서도 적정 체중을 유지하고, 활동적으로 지낼 필요가 있다. 건강이 좋아야 긍정적이고 새로운 경험에도 적극적으로 임하는 것 같다. 요즘 나는 트레킹 중독이라는 소리를 들을 만큼 걷기에 푹 빠져 있다. 열심히 걸었더니 아주 건강해진 것을 스스로 느낄 정도다. 트레킹 코스 천국인 대한민국에서는 그냥 마음만 먹으면 쉽게 실천할 수 있는 건강법이다.

앞으로 나아가는 사람에게는 행복이 따르고 멈추는 사람에게는 행복도 멈춘다. 장수의 역습에 당하지 않으려면 잘 계획하여 내가 행복해할 수 있는 목표를 잡고, 계속 배우고, 남을 위해 봉사하고, 좋은 친구들과 함께하고, 의미 있고 행복한 일을 계속 찾기 위해 부지런히 걸어야 한다.

아들딸들을 위한 아빠의 멘토링

Q: 예기치 않게 은퇴를 맞게 되었습니다. 한평생 일만 해왔던 제 자신에게 선물을 좀 주고자 쉬면서 이리저리 여행도 다니고 하고 싶은 것들도 했지만 조금 시간이 지나자 몸이 근질거려서 도저히 집에 있을 수가 없었습니다. 일찍부터 부업을 하거나 퇴직 후 일을 알아봤던 사람들보다 제가 정보에 많이 어두운 것 같습니다. 재취업의 문을 잘 열기 위해서는 어떻게 해야 할까요?

A: **무엇보다 과거의 나를 가장 먼저 버려야 합니다. 자신이 한평생 종사해오면서 얻은 노하우나 지식을 이전만큼의 권위나 보상을 받지 않더라도 제공할 수 있다는 마음가짐을 가져야 하고 내게 맞는 일자리를 필터링해서 정확하게 정할 수 있어야 합니다.**

대부분 은퇴자들은 자신의 일과 자리가 갑자기 사라졌다는 사실에 매우 당혹해합니다. 그러다가 용기를 내어 처음에는 의욕을 가지고 여기저기 다니면서 관심분야에 대한 활동을 해보지만 얼마 지나지 않아 생각대로 풀리지 않는 현실에 좌절하여 스스로를 가두기 시작합니다. 심한 자괴감에 빠지고 가족 간의 마찰이 잦아지면서 고립이 고착화되기 시작합니다.

은퇴자들은 스스로를 틀 안에 가둬서는 안 됩니다. 하루라도 빠짐없이 출근하듯 집에서 나와야 합니다. 무엇을 하든 나오는 것이 중요합니다. 각종 모임에 적극적으로 얼굴을 내밀고 취업활동을 게을리하지 않아야 합니다. 재취업 의사가 있다면 주변에 자신의 경력이나 현 상황에 대한 내용과 본인 의지를 피력해 둘 필요가 있습니다. 대부분 재취업 구직은 거의 지인 추천을 통해 하는데, 주변의 네트워크 안에서 원하는 일자리가 나타나게 되면 가장 먼저 소개받는 기회를 가질 수 있습니다.

또한 과거에 내가 누렸던 것들이나 인정받았던 것들은 낮게 내려놓을 수 있어야 합니다. 예전의 지위를 생각해서는 안 됩니다. '현재의' 자신에게 적합한 일자리를 규정해야 합니다. 막연하게 아무 곳이나 일자리만 주어진다면 달려가겠다는 자세가 좋은 것은 아닙니다. 일자리를 그렇게 얻게 되면 얼마 지나지 않아 그 일자리에 대한 실망이나 염증이 생길 가능성이 높습니다. 보다 장기간 한곳에 종사하기 위해서 내게 맞는 일자리를 정할 필요가 있습니다.

100세 시대
인생 안티에이징

한 살이라도 젊었을 때 100세 시대를 준비하는 것이 필요하다. 건강과 가족 간의 화목과 제2, 제3의 직업……. 일단 이 세 가지라도 잘 챙기면 노년의 삶은 풍요로워진다.

나이가 들어도 늘 처음처럼 고민하고 연구하고 탐구하는 습관을 지니면 오래도록 현역으로 살아갈 가능성이 높다. 끊임없이 발상을 전환하고, 결코 포기하지 않는 정신을 유지하는 것은 은퇴한 이후에 필요한 삶의 태도다. 레이더망을 세우는 사람만이 기회를 포착한다.

2012년 일본의 경제전문지 프레지던트가 '은퇴 후 가장 후회하는 것'에 대한 설문조사를 실시한 적이 있었다.

은퇴자들이 건강과 관련해서 가장 후회하는 것 중 1위는 운동으로 체력단련을 못 한 것이라고 한다. 우울증 등 정신적인 스트레스를 해소하는 방법을 익히지 못한 것이 2위고, 치아관리를 제대로 못 한 것이 3위를 차지했다.

나는 지인들과 아내와 함께 트레킹을 시작했다. 봉사활동을 시작했고, 내 삶에서 형성된 여러 인적 네트워크에서 주도적인 역할을 여전히 하고 있다. 아직도 인생에서 늘 현역으로 뛰다 보니 우울감에 젖어들 틈이 없다. 일반 은퇴자들이 돈과 생활과 관련해서 가장 후회하는 것 중 1위는 노후 여가 자금을 마련하지 못한 것이다. 그리고 2위는 가고 싶은 곳을 마음껏 여행하지 않은 것이다. 3위는 자격증을 취득하지 않은 것과 노후 소득을 준비하기 위해 생애설계를 하지 않은 것이다.

외국계 기업의 CEO로 활동하면서 여전히 경제활동을 하는 나는 은퇴 이후의 삶을 성공적으로 사는 사람으로 분류될 수 있을 것이다. 사실 난 재테크를 잘하는 사람도 아니었고, IMF 당시 형제간 연대보증을 잘못 서는 바람에 급여가압류까지 받은 뼈저린 경험도 있기에 노후 자금 설계는 더욱 중요하다고 생각한다.

여행은 많이 다닌 편이다. 외국에서 오래 살기도 했지만 가족들이나 지인들과 해외뿐만 아니라 국내 트레킹 클럽을 통해 자주 다니며 많은 것을 느낀다. 노후를 위한 기술 자격증이 있는 것은 아니지만 삼성 30년간의 경험과 제2막 인생인 한국 중소기업, 일본계 CEO 10년의 활동은 재능기부 등을 통해 남은 내 꿈을 실현시키는 데 기여할 수 있을 것이라고 믿는다.

질병이나 가난, 가족 간 불화보다도 고령화 사회에 은퇴자들을 괴롭히는 큰 문제는 은퇴한 이들이 사회 속에서 맞이하는 저평가된 그들의 '아이덴티티identity'가 아닐까 싶다.

사회적 존재감을 상실한 이들은 심한 무기력증과 우울감에 휩싸일 수 있다. 그런 의미에서 은퇴 이후가 비로소 진정한 삶의 시작이라는 생각을 해야 한다. 사회경험도 많고 세상 물정도 잘 아는 데다가 연륜도 겸비한 더없이 좋은 나이라는 자각은 자존감을 회복하는 데 큰 도움을 줄 것이다.

되돌아보니 진짜 직업과 인생은 55세부터가 시작이라고 나는 확신한다. 55세 시점에 인생 2막 또는 3막도 충분히 펼쳐질 수 있다. 그 시점에서 가장 중요한 것은 새로운 일거리를 준비하기 위해 노력과 건강을 챙기는 것과 배우자와 좋은 소통을 하는 것이다.

은퇴 후 성공적인 삶을 사는 사람들에게는 공통된 특징이 있다.

첫 번째, 이들은 모두 자신이 좋아하는 일을 하고 있다. 하지만 좋아하는 것과 잘하는 것은 엄연히 다르다. 낚시를 좋아한다고 해서 양식업이나 뱃일을 잘하는 것은 아니다. 좋아하지만 잘하지 못한다면 엄청난 스트레스가 되어 현재의 삶을 유지하는데도 방해를 줄 수 있다. 좋아하는 일을 잘하는 수준까지 끌어올리기 위해서 조직의 문을 나오기 전에 가능하면 자신의 로드맵을 기획해 두어야 한다.

두 번째, 로드맵은 미리미리 기획할 필요가 있다. 건조하고 삭막한 일상에서 탈출하는 것은 직장인이라면 누구나 꾸는 꿈 중 하나다. 시원스럽게 사표부터 던지고 새 삶을 시작할 수 있

좋은 친구 김 전무, 홍 전무

2016년 12월 31일 송년트레킹 친구 권 교수, 삼성 입사 동기 김용환과

으면 정말 좋겠지만 현실에서 이렇게 할 수 있는 사람들은 얼마 되지 않는다.

딸린 가족이 없거나, 배우자가 따로 벌고 있거나, 생활자금을 넉넉히 보유하고 있거나 하지 않으면 드라마에서처럼 사표를 쉽게 집어던지는 일은 절대 일어날 수 없다. 하지만 로드맵을 준비해둔 사람이라면 가능할 수도 있는 일이다.

세 번째, 실행을 하는 사람이 새 인생을 개척할 수 있다. 꿈은 행동력을 필요로 한다. 행동력이 결여된 꿈은 고작 몽상일 뿐이다. 남은 인생을 위해 조금 더 움직여야 한다. 움직이지 않는 사람은 시체에 불과하다. 이왕 움직인다면 활기차게 하자.

네 번째, 멘토는 반드시 필요하다. 그런데 내 인생의 멘토는 그리 거창한 존재가 아니어도 된다. 직장 또는 학교 선배일 수도 있고, 가까운 이웃사촌일 수도 있고, 책이나 방송을 통해 좋은 이야기를 전달해주는 유명 명사일 수도 있다. 그들이 내게 주는 긍정적인 에너지를 받아들이고 희망적인 생각들과 행복감을 수혈 받으면 우리 역시 훌륭한 멘티가 된다. 그리고 100세 시대를 당당하게 살아가는 멋진 현역이 될 수 있다.

아들딸들을 위한 아빠의 멘토링

Q: 삶이 자기 뜻대로만 되는 것 같지 않아 속상해요. 내가 원한 창업이나 재취업이 아니라는 생각이 들면 어떻게 해야 하나요? 다시 새로운 좌표를 설정하거나 도전을 하기에는 이미 나이를 먹어버렸고, 책임져야 할 것들이 많아졌고, 많이 두렵거든요.

A: **자기만의 길을 걷는 것이 어려운 일만은 아닙니다. 인생은 마라톤입니다. 엎어졌다고 멈추는 것이 아니라 다시 일어나 완주를 해야 하는 자신만의 레이스입니다.**

동서고금의 현자들이 말한 '인생을 길게 보라!'는 말은 괜한 수사가 아닙니다. 20대의 젊은이가 아니라 50대의 중년이라고 해도 저는 새로운 좌표를 설정하는 데에 주저하지 말라고 충고하고 싶습니다.

앞으로 남은 80년의 인생을, 50년의 인생을 지금 살아온 20년과 50년의 삶이 결정하고 좌지우지한다는 것은 말도 안 됩니다. 이미 내 마음속에는 혼란과 갈등, 머뭇거림이라는 지각변동이 일어났는데 고스란히 덮어둔다 해도 언젠가는 마음의 지각을 뚫고 나올지도 모릅니다. 그렇게 다시 새로운 고민에 빠질 때까지 무의미하게 보내버린 시간을 따진다면 새롭게 좌표를 설정하는 것을 망설일 이유가 전혀 없습니다.

자유롭게 태어난 인간이건만 스스로 묶어 버린 '의무', '책임감', '두려움'이라는 쇠사슬에 묶인 채 남은 생을 고통스럽게 사느니 하루를 살아도 자유롭게 살 필요가 있습니다.

내게 찾아온 자유로운 선택의 시간을 누릴 필요가 있습니다. 그 선택은 또 다른 인생을 당신에게 선사합니다. 대부분 사람들은 그 새로운 좌표를 위해 최선을 다하기 때문에 성공하거나 이전의 삶과 비슷한 수준을 유지하는 경우가 많습니다. 이미 한번 수정한 인생을 허투루 살 사람은 아무도 없기 때문입니다.

대기업 임원이었다고
사회 임원은 아니다

"산은 정복하는 게 아니라
정상을 잠시 빌리는 것이다."
- 엄홍길 -

2008년 서브프라임 모기지 사태로 전 세계 경제가 위기를 맞이했을 때 나는 인생 2막인 삼붕트레이딩이라는 무역회사를 창업했다. 처음 울타리 밖으로 나간 아이처럼 나는 삼성에서 부하 직원으로 있었던 사람들을 만날 때 많이 위축되었다. 심리적으로 위기를 겪기도 했다.

하지만 이내 나는 깨달았다. '내가 아직 배가 덜 고프구나!'

그런 생각의 전환이 있은 다음 나 스스로 먼저 중소기업의 대표로서 적극성을 띠고 사람들에게 다가가기 위해 노력했다.

열심히 사는 사람, 성실히 사는 사람, 노력하는 사람, 뛰어난 사람, 끼 있는 사람 등 사회에 좋은 영향을 끼치는 사람들도 많이 만날 수 있었다. 그러나 내가 가장 좋아하는 사람은 결심을 실천하는 스마트한 사람이다.

부지런하지만 결과가 없는 사람, 결심을 하고는 끝을 맺지 못하는 사람, 변화를 두려워하는 사람은 사회생활에 적응하기 힘들다. 자동차왕 헨리 포드가 말한 '변화를 거부하는 사람은 이미 죽은 사람'과 다르지 않다.

대기업의 임원이었다가 퇴임을 한 사람들이 종종 변화된 삶에서 난항과 좌절을 겪는 이유다. 그들은 여전히 자신들이 옳고, 지적이고, 나만이 할 수 있는 것들이 무한히 많을 것이라고 착각하는 경우가 많다.

흔히 잘나가던 기업 임원 출신의 은퇴자들이 저지르는 우愚가 몇 가지 있는데 이는 그가 명문대 출신이든, 대기업 출신이든 상관없이 공통적으로 많이 보이는 것들이다.

자신의 몇십 년 인생에서 얻은 경험이 물론 큰 자산일 수도 있지만 너무 그것을 맹신하는 것이다. 요새 대기업 임원 출신들은 예전만큼 인기가 없다. 몇 년 전만 해도 중소, 중견기업들이 대기업 임원출신을 영입하려고 많이 찾았는데 지금은 그다지 선호하지 않는 것 같다. 최근 삼성에서 임원 배지를 단 지 2~3년 만에 회사를 나가는 직원들이 많아지고 있다. 삼성 임원 출신이라는 경력만으로 쉽게 재취업할 수 있다는 건 옛말이다. 경영환경 악화로 삼성 임원들이 줄줄이 재취업 전선에 쏟아지면서 희소가치 역시 많이 떨어졌다.

늘 대우를 받던 사람 특유의 고자세가 배어 있어 자신들을 기껏 영입해 주려는 회사와 경영진을 잘못 이해하는 경향이 있다. 훌륭한 경험과 스펙을 가지고 있다고 해도 고용될 회사를 우습게 보는 사람을 데려오고 싶은 사장은 별로 없다.

회사에 취업한 후에도 이전과 다른 조직문화로 인해 갈등을 겪을 수 있다. 대기업과 비교해 모든 여건이 부족한 중소기업은 오너가 거의 모든 일을 다 해야 하는 상황이 많이 펼쳐지는 곳이다. 하지만 대기업 임원 출신들은 밑에 조직력이 뒷받침되어 일을 했던 사람들인지라 이런 조직력이 부족하거나 체계적이지 못한 시스템 속에서는 무능력자가 되는 경우가 많다. 중소기업은 대기업에 비해 확실히 휴먼 인프라가 떨어진다. 괜히 자신이 일을 잘하지 못하고서는 "역시 중소기업은 일할 사람이 없어."라는 식으로 핀잔을 주고 폄훼한다면 누가 좋아할까?

조직에 대한 자긍심과 몰입도가 낮은 것도 문제다. 회사에 대해 홍보도 하고, 영업도 해야 하는데 이전 자신이 다녔던 대기업의 사정 얘기만을 하는 경우가 많다. 이제는 '남의 회사'가 된 기업의 이야기를 '나의 회사'에서 자주 읊조리면 조직의 기본 도리를 망각하는 무례한 행위인 것이다.

안타깝게도 단순 소일거리로 용돈이나 벌겠다는 마인드로 중소기업에 다니면서 정작 대우는 제대로 받기를 원하는 사람들이 많다. 하루하루가 전쟁터이고, 생존을 걸고 뛰어야 하는 중소기업의 속성을 이해하지 못하면 자신 역시 도태되고 만다.

결국 대기업 임원 출신들이 재취업에 성공하려면 우선 자신을 낮추고 겸손해지는 태도가 선행되어야 한다. 과거 자신들이 가졌던 모든 기득권이나 모습들을 깨고 나와야 한다. 그래야 원하는대로 자유롭게 내일을 그려볼 수 있는 것이다.

나 역시 시행착오가 없지는 않았다. 삼성에서 누렸던 슈퍼갑의 기득권을 깨트리는 과정이 적잖게 힘이 들었다.

사회에서 재취업을 하든, 창업을 하든 성공하려면 '뒷짐 진 사장님' 생각을 버려야 한다. 사실 은퇴 이후 노년기에 새로운 사업을 시작한다는 것은 결코 쉽지 않다. 자신이 생각했던 이상으로 노동강도가 세거나 노동의 질이 낮을 수 있다. 만약에 사업을 하다가 실패라도 하게 되면 젊은 시절보다 훨씬 재기도 힘들고 손해도 막심할 것이다.

과거의 후광이나 자존심 따위는 튼튼한 금고에 꼭꼭 잠궈 놓아야 한다.

성공한 시니어 창업자들의 공통점을 살펴보면 처음 시작한다는 마음가짐으로 정보를 수집하고 계획을 치밀하게 세운다. 성공적인 시니어 창업을 준비할 때 가장 먼저 장착해야 하는 것은 강한 멘탈이다. 이런 점에서 영업이나 서비스 직종에 있었던 퇴직자들은 창업에 있어 유리하다고 볼 수 있다. 창업 자체가 바로 고객을 상대하고 다뤄야 하는 분야이기 때문이다.

또한 물리적인 나이에 한계를 긋지 말고 젊게 생각하고 그에 걸맞은 태도를 지니는 과감한 생각의 패러다임 전환이 있어야 젊은 사람들에게 편하고 열린 자세로 다가갈 수 있다. 젊은 이들과 잘 어울릴 수 있어야 세상 변화의 흐름에 낙오되지 않기 때문이다.

호기심이 많은 나는 도전하는 것을 두려워하는 편은 아니다. 남녀 간에도 궁합이 있고, 사물에도 극성이 있듯 세상에는 나와 맞는 업과 직들이 있는 반면, 맞지 않는 업과 직들도 있다. 그렇지만 실패가 두려워 시도조차 하지 않는 바보는 되지 말자고 늘 다짐한다. 설령 실패하더라도 결과에 집착하거나 자학하지 않고 포기하지 않은 나 자신을 격려하면서 살아오고 있다.

학부에서 전공한 수출입 업무 30년 종사를 통해 체득한 지식과 경험이야말로 내 후반기 삶의 원천이 되어 주었다. 이 훌륭한 원천 덕택에 나는 성공적으로 기반을 잡았고, 한국 니토덴코의 총괄 사장이자 니토덴코 그룹 본사의 임원으로도 활동할 수 있었다.

이 모든 것은 이전의 기득권을 내려놓고 낯선 맨땅에서 온 몸에 땀을 흘려가면서 노력한 결과물인 것이다.

아들딸들을 위한 아빠의 멘토링

Q: 직장에서는 갑이나 리더였지만 나와 보니 을의 입장이 되었어요. 그 괴리나 격차감이 저를 힘들게 합니다.

A: **갑을은 대결구도가 아닙니다. 지금의 갑이 언젠가는 을이 될 수 있고, 을이 었던 사람들도 갑으로 등극할 수 있다고 유연하게 생각해야 합니다.**

경기 부진 등의 요인으로 구조조정이 일상화되는 요즘에는 갑에서 을로 변하는 반전이 부쩍 많이 일어날 수 있습니다. 아무리 많은 준비를 했더라도 막상 사회에 나가다보면 적응 못 하는 경우가 많습니다.

회사 다닐 때는 한 달 동안 가장 기다리던 월급날이 창업 후엔 '오지 않았으면⋯⋯.' 하는 날로 바뀝니다. 자기 회사라는 생각에 지나치게 업무 욕심을 내다 보면 사생활 보장이 어려워집니다. 창업을 하게 되면 을의 지위에 서 있는 자신을 발견하게 됩니다.

잠재된 헝그리 정신을 발현하지 못하면 자존심과 열패감에 힘들 수 있습니다. 을의 생존방식에 적응하는 것을 '몰락'이 아닌 도약으로 여기는 긍정적 정신을 배양해야 합니다.

제로('0')에서 시작하라

"항상 좋은 목적을 잃지 않고
노력을 계속하는 한 반드시 구제된다."
-요한 괴테 -

　'맨땅에 헤딩'이라는 말이 있다. 아무것도 가지지 못하거나 가졌던 것을 몽땅 잃어버렸을 때에도 '헤딩'이라는 행동이 어떤 의미를 가질까? 가장 밑바닥에 추락했을 때 절망만 하고 모든 것을 놓아버리면 침잠하여 결국 가라앉을 수밖에 없다. 하지만 '헤딩'을 해서라도 벗어나고자 하는 행동을 하게 되면 적어도 위로 치솟을 수는 있다.

　누구나 살면서 '맨땅에 헤딩'해야 하는 일이 생긴다. 사실 맨땅에 헤딩하는 일은 괴로운 일이라 쉽지 않다. 하지만 맨땅에 헤딩을 하는 과정에서 새로운 유형의 노력과 시도를 통해 새로운 생존방식을 터득하게 돼 삶의 지평이 넓어진다.

개인에게도 이런 '맨땅'의 경험이 중요하지만 기업에서도 중요하다. 하지만 그동안 누렸던 달콤한 추억과 온갖 기득권을 내려놓기가 결코 쉽지 않다. 결국 현재의 성공에 취하게 되면 관성의 덫에 빠져 기업이 어려움에 처하게 된다.

성공의 덫에 희생된 대표적 사례로 노키아를 들 수 있다. 노키아는 2004년 애플이 아이폰을 출시하기 몇 년 전부터 터치스크린을 갖춘 스마트폰을 개발했다. 그러나 경영진은 수익성이 악화된다는 이유로 개발에 반대했다. 사실 그들은 1990년대 후반 무선인터넷이 연결되고 터치스크린이 탑재된 태블릿컴퓨터를 비밀리에 개발했다. 오늘날의 아이패드와 같은 제품이었음에도 터치스크린의 잠재력에 대해 제대로 알지 못했던 터라, 리스크가 크다고 판단한 경영진은 생산을 멈추게 했다. 결국 현실에 안주했던 노키아는 스마트폰 시대에 적응하지 못하게 되었고, 소리 소문 없이 주저앉고 말았다. 미래를 열어갈 수 있었던 길이 있는데도 익숙함에서 결별하지 못한 데서 발생한 참사라 할 수 있다.

과거의 영광이 현재와 미래의 생존과 성공을 보장하지 않는다는 것을 잘 보여주는 역사적 사례다. 모든 것을 제로베이스 사고에서 다시 시작한다는 것은 과거의 기득권을 인정하지 않을 때 가능한 것이다. 기득권이나 관습에 사로잡힐 때 개인이나 조직은 경직되기 마련이다.

그런 관점에서 모든 사업을 제로베이스에서 근본적으로 재검

토하는 이재용 부회장의 경영행보를 긍정적으로 보고 있다.

관행과 권위를 걷어내고 일하는 문화로 혁신하자는 삼성의 '컬처혁신' 선포도 이 부회장의 제로베이스 경영의 발현으로 본다. '글로벌 인사 혁신 로드맵'을 통해 직급 단순화, 수평적 호칭, 선발형 승격, 성과형 보상 등 사내 문화의 개선과 실적에 따른 엄격한 신상필벌 원칙이 새로이 시도 또는 엄격히 적용되고 있다. 이는 이건희 회장님의 신경영과 대비되는 대목이다.

고도 성장기엔 다양하게 사업을 벌여 매출을 키우고 수익을 불리는 게 중요하지만 지금과 같은 불확실성의 시대에는 이러한 전략이 통할 거라고 장담할 수 없다. 성장 가능성이 큰 사업에 선택과 집중을 할 수밖에 없는 저성장 시대가 도래했기 때문이다. 팔방미인격으로 사업을 하다가는 글로벌 경쟁에서 밀려날 수도 있다.

영국 프리미어리그 축구팀 첼시와의 스폰서십을 끊고, 대형 부동산들과 전용기의 매각 등 이재용 부회장의 실용적인 행보는 내부조직문화로까지 이어지는 것 같다.

하드웨어 정비작업의 사업재편을 시작으로 소프트웨어적 조직문화 혁신까지 총체적 개조에 나서는 모양새다. 야근과 특근, 비효율적인 회의와 보고 문화를 지양하고 실리콘밸리의 스타트업 경영방식처럼 신속하고 개방된 소통문화로 바꾸는 모습은 일견 긍정적이다.

어떤 미래학자는 20년 내로 기존 기업의 90%가 사라진다고 주장한다. 생존한 10% 기업도 대기업이 아니라 중소기업이 주류를 이룰 가능성이 매우 높다고 말한다. 우리가 잘 아는 세계 초일류 기업인 구글, 아마존, 애플, 페이스북도 모두 중소기업이었다는 사실을 유의 깊게 봐야 할 것이다. 그 기업들이 가진 혁신, 창조, 속도라는 장점에 주목해야 한다.

개인도 마찬가지다. 은퇴 이후 새로이 뭔가를 창업하거나 취업을 하려는 사람들도 이런 제로베이스 사고를 가져야 할 필요가 있다. 주변 선배들을 보면 과거의 영광에 매달려 새로운 삶을 즐기지 못하는 경우가 많다. '내가 ○○회사 사장이었는데……'라며 하는 과거 이야기는 새롭게 펼쳐질 삶에 오히려 독이 되는 것 같다. 과거에 매몰되지 않는 것이 열정적인 시니어로 살아갈 수 있는 비결임을 명심할 필요가 있다.

혁신해야 한다. 생뚱맞게 뭔가 이전의 삶과 다른 길을 걷거나 사업을 하라는 이야기가 아니다. 혁신이라는 것 자체가 기존의 것을 바탕으로 하는 것이 아닌가! 오랜 시간 안주했던 생의 이력들을 조금만 다른 각도에서 틀어서 새롭게 추구할 필요가 있다는 말이다.

이때껏 하지 않았지만 예전부터 꿈꿔 왔던 것들이나 잘할 수 있는 분야에 도전할 수 있으면 훨씬 풍요로운 삶이 주어질 것이다.

하지만 적정 속도를 잃지 않아야 한다. 새로운 것들을 빠르게 받아들이되 무조건 추종하지는 말라는 이야기다. 나이가 들면 젊은 시절과는 너무나 다른 세상이 펼쳐진다. 세상의 흐름을 읽고 기술을 습득하는 속도가 엄청 떨어지게 된다. 그래서 속도를 잃지 말라는 의미가 아니라 '적정속도'를 잃지 말라는 말을 하고 싶다. 적어도 자신의 심신이 감당할 수 있으면 지배하는 흐름에 뒤처지지 않도록 맨땅에서부터라도 시작해 보도록 권하고 싶다.

아들딸들을 위한 아빠의 멘토링

Q: 바쁜 일상 속에서 살다 보니 세상사에도 무감각해지는 것 같습니다. 업무에 숙련되는 것과는 별개로 자꾸만 세상 속에서 도태되는 것 같고, 그래서 업무의 핵심과 본질을 파악하는 데에도 영향을 주는 것 같아요. 어떻게 해야 할까요?

A: 사회에 관심을 가져야 합니다. 우리는 조직인이기 전에 사회인이니까요.

사회인이 되면 일로 바쁜 날들을 보내게 됩니다. 점점 세상 돌아가는 일에 둔감해지고, 나와 상관없는 문제들에 무관심해지고, 당면한 눈앞의 현실로 골머리를 앓다 보면 정의나 윤리와 관련한 문제는 남의 일처럼 느껴집니다.

하지만 세상에 어떤 문제가 일어나고 있는지를 살피고, 그런 문제들을 판별하는 자신만의 관점을 갖는 것은 중요합니다. 세상 돌아가는 흐름과 이슈들을 모른 채 자기 일에만 매몰되는 사람들은 시야가 협소해져 우물 안 개구리가 되기 십상입니다.

자신이 소속되어 월급을 받는 조직에서 주어진 일만 잘 처리하면 된다는 식에서 벗어나 사회를 담당할 일원으로서 좋은 세상을 만드는 데 공헌해야 할 의무가 있습니다.

많은 대기업이 사회공헌, 협력업체 및 중소기업 지원강화, 커뮤니케이션 강화에 주력하는 이유가 있습니다. 소비자나 사회로부터 재미만 보고 의미를 갖지 못하는 기업 역시 도태될 수밖에 없기 때문입니다.

진인사대천명의
자세로

최선을 다한 후 순리에 따르라

위기를 기회로 만들고 항상 여유가 있는 나를 향해 지인들은 많이 부러워한다. 사람들에게, 그리고 나의 아들딸에게도 내가 늘 하는 말이 있다.

'진인사대천명盡人事待天命'이는 딸, 아들이 미국에서 사춘기 시절 고등학교 다닐 때 성적에 대해 스트레스를 받으며 본인들의 욕망에 현실이 미치지 못하는 상황에 처해 있을 때 아이들에게 위안을 주며 설득하기 위해 던졌던 말이다. 해야 할 일에 늘 최선을 다한 후 그리고 순리대로 하늘의 뜻을 기다리라고 한 것이다. 긍정의 효과가 말해주듯이 최선을 다해 계획하고, 실행하고, 검증하고, 개선시키는 노력을 다한다면 하늘도 무시하지 않는다고 생각하기 때문이다.

온 마음을 다해서 원하면 우주도 그것을 들어주는 법이다.

그러나 이런 노력들이 모든 성공을 보장하지는 않는다. 의도치 않게 실패하거나 역풍을 맞을 때가 있다.

그럼에도 불구하고 결단을 내리고 그 이후의 결과는 그저 기다려야 할 때도 있다. 다양한 사건, 예상치 못했던 사건, 사소한 일 모두에 열을 올려 대처하려 해선 안 된다. 모든 일에 세세히 대처하려면 하루가 48시간이라도 모자라고 체력도 버티지 못한다. 예민하게 고심에 고심만 거듭해서는 안 된다. 지쳐서 나중에 제대로 된 행동을 하지 못할 수도 있기 때문이다. 그래서 흘려보낼 것은 흘려보내며, "세상에는 많은 일들이 일어나는 법이네."라는 식으로 유연하게 행동해야 한다. 물론 중요한 것에는 디테일하고 고도의 주의를 기울일 필요는 있다.

결점 없는 최고의 결단을 내릴 수 있는 사람은 없다. 세상에는 완벽한 결단도, 정답도 존재하지 않는다. 좀 더 나아 보이는 결정이 있을 뿐이다. 불확실성의 공간에 몸을 던지지 않으면 어떤 확실성도 얻을 수 없다.

나는 지금까지 살아오면서 진실한 마음으로 모든 순간에 최선을 다하려고 했다. 그리고 모든 사람을 진심으로 대했다.

모든 일의 밝은 면을 보려고 노력했고, 상황과 때에 맞게 최선의 방법을 선택하려고 집중했다. 무한 긍정의 마음으로 소통을 하려고 노력했다. 늙은 '아재'가 되지 않기 위해 젊은 사람들과 많은 대화를 나누었다.

지나치면 문제가 된다

사람들은 너는 그렇게 욕심내지 않을 만큼 여유가 많은가 하고 묻곤 한다. 욕심내지 않고 내 수준에 맞는 일을 하면서 인생을 즐기다 보면 의외로 좋은 성과를 이루는 경우가 많았다.

과도한 욕심은 항상 화를 불러온다. 내 능력을 잘 알기에 과한 욕심은 부리지 않는다. 하지만 나는 내 한계 안에서, 내 능력 범위 안에서는 누구보다도 욕심쟁이가 되어 최선을 다하는 편이다.

세상만사가 그렇듯이 뭐든 지나치면 문제가 된다. 배려도 지나치면 답답하고 소신이 없는 사람이 되고, 소신도 지나치면 독불장군이 된다. 장점은 발전시키라는 말을 많이 한다. 맞는 말이다. 하지만 늘 지나친 것을 조심해야 한다. 어떤 약이든 약에는 언제나 부작용이 따른다는 사실을 잊어서는 안 된다.

일희일비하지 않고, 긴 안목을 가지면 어려운 순간을 견디는 힘이 생긴다. 마음의 평정을 느낄 때 스스로에게 가치를 부여하는 순간이 생기는 것이다. 더 좋은 부모를 만나 더 좋은 기회 속에서 원하는 삶을 살 수 있었다면 그것 또한 행복이지만 모든 사람이 그런 조건 속에서 다 행복하지는 않는 법이다. 열악

한 환경 속에서 고군분투하면서 확실하게 내 것으로 만들며 느끼는 행복도 수없이 많다. 지나친 욕심을 부리지 않으면서 내가 하나씩 쌓아가고 있는 것들을 소중히 여길 수 있으면 가치 있는 삶을 살아가고 있는 것이다. 과욕을 부렸다가는 쌓아온 공든 탑이 와르르 무너질 수도 있기 때문에 과유불급過猶不及 즉 '넘치면 모자란 것만 못하다.'는 옛말을 항상 머릿속에 넣어두고 살아왔다.

아들딸들을 위한 아빠의 멘토링

Q: 세상 탓을 하고 가난 탓을 하고 남의 삶과 비교를 하니까 마음의 평정을 잡지 못해 매우 힘듭니다.

A: 인생의 가치는 누가 만들어줄까요? 바로 스스로 부여하고 만들어가는 겁니다. 어떤 시간을 보내고 어떤 인생을 살든 모두 자신의 몫입니다.

객관적으로 자신을 본다는 것은 내면의 부족한 점이나 결핍을 비난하는 것과는 다릅니다. 있는 그대로, 생긴 그대로, 자신을 수용한다는 뜻입니다. 그 바탕 위에서 부족한 점은 채우고, 모난 점은 고치고, 좋은 점은 더 키워나가야 합니다. 자신을 밖에서 보면 삶의 크기가 달라지고, 삶의 목표도 뚜렷이 보이기 마련입니다. 조금 떨어져 바라볼 필요가 있습니다.

자신의 삶과 할 일에 집중하면 확실히 누군가를 탓하는 일은 줄어듭니다. 기를 쓰고 자신을 드러내려고 하기보다 묵묵히 할 일을 할 때 자신감과 마음의 평정을 되찾을 수 있을 것입니다.

재미보다는
의미를 찾아야 할 때

"내 꿈과 열정에 솔직한 것이 내 삶이고 경영이다."

- 리처드 브랜슨 -

길어지는 삶을 지탱할 수 있는 궁극적인 힘은 과연 무엇일까? 요즘 내가 가장 많이 하는 생각이다. 가족, 돈, 명예, 건강……. 물론 다 중요한 것들이지만 한 인간이 인간으로서의 존엄과 가치를 가질 수 있는 것은 결국 '꿈'과 '의미'가 있기 때문이 아닐까 싶다.

모든 사람들은 미래를 내다보며 살아야 자신이 살아있다는 것을 느낄 수 있다. 그리고 그렇게 미래를 위해 가장 먼저 하는 것이 바로 '일'이다.

돈이나 개인적 욕망이 아닌 '의미 찾기'라는 것으로 일의 목적을 재정의한다면 은퇴 이후에 우리가 하는 일은 은퇴 전까지 했던 치열한 경쟁과 약육강식의 정글과 같지는 않을 것이다. 의미를 찾은 사람들이 사회에 기여하고 저마다의 분야에서 이룩한 지혜를 공유하는 데 방점을 찍는 이유일 것이다. 한 분야의 '전문가'인 은퇴자들이 사회가 필요로 하는 멘토가 되어 곳곳에서 제 역할을 할 수 있다면 이 세상은 더 살기 좋아질 것이라 생각한다. 나중에 나 역시 멘토가 되어 이때껏 국가가, 기업이, 사회가, 이웃들이 내게 가르쳐 준 것들을 알려주고 싶은 생각이 있다.

나는 늘 일과 인생에 있어서 선배로서, 리더로서 모범을 보여야 한다고 채찍질해 왔다. 그래서 겸허한 마음가짐, 일에 대한 열정, 타인에 대한 진정성을 후배들한테 보여주려고 항상 노력하고 노력했다. 삼성그룹 공채 19기로 입사한 나는 내 삶 자체가 완벽할 수는 없더라도 적어도 내 후배나 가족들에게 부끄럽지 않기 위해 최선을 다했다.

젊었을 때는 재미가 있어서 일본어 공부를 열심히 했었고 늦은 나이에는 중국어를 익히기 위해 새벽까지 공부했던 적이 있었다. 무역 업무 역시 하면 할수록 재미가 있어 계속했기에 성과가 나왔던 것 같다.

하지만 사람이 살아가는 데 재미만으로는 지속적으로 일하기 어려울 때가 있다. 그런 위기가 닥쳤을 때 어떻게 해야 할까? 더 이상 '재미'만 찾을 것이 아니라 '의미'까지 찾기 위해 노력해야 한다.

어떤 일을 하면서 좀 싫증날 때가 있다. 그럴 때 '내가 왜 이 일을 했지?', '내가 하고 있는 일이 나한테 어떤 의미를 갖지?' 하고 생각하는 것도 나쁘지 않다. 이 일이 내 주변사람들을, 사회, 국가, 인류를 바꾼다고 상상하면 내 일이 그다지 시시하게 여겨지지 않을지도 모른다.

자신이 선택한 제2, 3의 인생이 의미가 있기 위해서는 자기가 좋아하는 일을 선택할 필요가 있다. 평생을 '무역', '영업', '구매' 일을 해 온 나는 나 자신을 행운아라고 생각한다. 만약 이 나이에 전혀 다른 업종으로 갔다면 아주 밑바닥 기초부터 처절하게 배웠어야 하는데 내가 좋아하면서도 잘 아는 일을 할 수 있어서 다행이라고 생각한다.

그리고 나는 내 '업'에 나만의 의미를 심었고, 그 의미는 지금 내가 살아가는 가장 좋은 모멘텀이 되고 있다. 왜 아직도 현역으로 열심히 뛰고 있냐고 물으면 이렇게 대답한다.

2016년 8월 30일 창의성 아카데미 입학식 기념사진

"30년 넘게 현장에서 일하면서 얻은 경험과 지식을 사장시키지 않고 사회에 환원하고 싶어서입니다."

2016년 11월 9일 연세대 행정대학원 주최 AEP(주한 일본주재원을 위한 특수 과정)과정에서 한국 주재 일본 주재원들에게 한국 글로벌 기업에 대한 강의를 했다. 일본 사람들 앞에서 일본어로 강의하면서 재능기부를 한 것이다.

이만하면 괜찮은 인생 3모작을 준비하고 있다고 생각한다. 단순히 직업 생활에서만 해당되는 것이 아니다. 사회와 연대하는 방법은 다양하다. 나는 대학 1학년 때 봉사활동 서클에 들어가 충남 대천 앞에 있는 '효자도'라는 섬마을과 자매결연을 맺어 매년 서울 수학여행을 시켜드렸다. 여름과 겨울 방학에는 문맹자들에게 야학 글공부도 시켜주며 근로봉사도 열심히 했던

연세대학교 AEP 과정

죽순회의 핵심 멤버이기도 했다. 최근까지 우리 회사에서도 봉사회를 운영하며 다양한 봉사활동에 발 벗고 나서는 편이다. 나 자신을 더 행복하게 만들고 더 완전하게 만드는 즐거움을 포기하고 싶지 않다.

1973년 대학 2학년. 죽순회 멤버들

그나마 요즘 들어서는 여러 개의 대외적 직함들을 후배들에게 다 물려주고 자문위원이나 명예회장으로만 활동하고 있다. 젊은 시절 나처럼 치열하게 살고 있는 후배들과 옛 추억을 더듬으며 즐거운 시간을 보내는 것도 그다지 나쁘지 않다. 모든 과거의 소중한 활동들이 노후생활을 윤택하게 해준다고 생각하며 건강관리를 철저히 신경 쓰려고 한다. 건강을 잃으면 모든 것을 잃는 것이라는 철칙을 잊지 않고 열심히 트레킹을 하고 있다. 아직까지도 나는 뭔가 꽂히면 제대로 몰입하는 열정을 아직도 잃지 않았다.

사람에게는 목표가 있어야 한다. 목표 그 자체를 설정하지 못하면 그 다음 행동을 할 수 없다.

내가 성공을 위해 남들보다 더 열심히 했던 전략은 유별난 것이 아니었다. 미래를 사전 예측하고 단순하게 철저히 준비하는 것. 남들과 똑같아지지 않기 위해 노력하고 공부하며 차별화를 꾀한 것. 어느 정도 공부를 했느냐보다는 무엇을 어떻게 공부를 할 것인가에 따라 그 사람의 인생이 성공하는지 실패하는지가 결정된다고 생각한다. 다른 이와 비슷하다면 더 이상 내가 성공할 수 없을 거라고 생각했다. 경기 출발선부터 나보다 많이 가진 자들, 스펙이 더 좋은 이들과 비슷해지기 위해서라도 더 노력해야 하고, 더 앞서 나가야 한다고 생각하는 그 자체가 나의 발전 동력이라고 생각한다. 의미 있게 인생을 살기 위해서는 그 삶을 어떻게 시작하는가도 매우 중요하지만 어떻게 마무리하는 가도 정말 중요하다고 생각한다.

모든 나이는 아름답다. 다만 그때의 아름다움을 모를 뿐이다. 60대 중반에 이르렀지만 아직도 나는 40~50대의 중년들처럼 살아갈 자신이 넘친다.

자신이 늙었다고 생각하고 있는가? 지금 나이에 무슨 도전이야? 하고 생각하고 있는가? 내 삶의 의미는 내가 주는 것이다. 부디 지금 나이를 즐기기 바란다. 늙었다고 생각하는 순간이야말로 정말 늙어버릴 것이다.

Q: 솔직히 어떤 진로를 정해야 할지 고민스러워요. 내가 결정한 곳으로 가서 성공하거나 행복해진다는 보장도 없다는 것이 저의 가장 큰 고민입니다. 사회 속에서 갈고 닦은 전공 분야가 있지만 내가 그 분야에서 특출한 사람도 아닌 것 같고요.

A: **제대로 된 진로를 설정하려면 내가 가려는 방향에 걸맞은 나의 역량이 있는지를 먼저 체크해 보시기 바랍니다.**

화장품 ODM 기업인 우리나라 콜마의 윤동환 대표는 원래 제약회사의 임원으로 퇴임한 사람입니다. 그는 자신의 전공분야인 제약 부문으로 창업을 하지 않았습니다. 그렇다고 화장품이 제약 부문과 완전히 동떨어진 분야도 아니었습니다. 그는 제약회사에서 일했던 경험에서 나온 여러 모티브와 아이디어를 갖고 화장품을 만들어 성공했습니다.

진로를 찾기 어렵다면 시야를 확장해 다른 곳에 도전할 필요가 있습니다. 요즘 시대는 모든 것이 연결된 융·복합의 시대입니다. 의외로 다른 분야에서도 자신의 적성에 맞는 진로를 발견할 수 있습니다.

'첫'이라는 단어에는 '미숙함', '실패 가능성'을 내재하고 있다는 것을 아시기 바랍니다. 첫 창업이 결코 당신의 남은 인생을 결정하지는 않습니다. 취업 후에도 진로에 대해 끊임없이 고민하면 더 나은 기회를 찾을 수 있는데 미리부터 겁먹을 이유가 없습니다.

가족,
완벽한 아군부터 챙겨라!

"가족들이 서로 맺어져 하나가 되어 있다는 것이
정말 이 세상에서의 유일한 행복이다."
- 퀴리 부인-

많은 사람들이 자녀와의 대화 부족을 아쉬워하지만 우리 집은 대화가 넘치는 곳이다. 내 주변에서는 대기업에서 열심히 일해 임원까지 됐지만 은퇴 후 배우자나 자녀들과 서먹하다는 사람들이 많다. 그래서 자녀들과 늘 전화나 이메일로 대화를 나누고 종종 아내와 극장도 가고 여행도 자주 다니는 나를 보고 "어떻게 그럴 수 있나요?"라며 부러워한다.

우리 가족들은 서구적으로 서로에 대해 자율을 추구하면서 동양적인 유대감과 애정도 놓치지 않아 서로에 대해 많은 것을 공유하고 있다. 우리 집 식구들은 모두 감수성이 풍부한 편이다. 내가 이메일이나 전화를 할 때마다 딸과 아들은 깊은 감명을 받고 그 감동과 고마움을 반드시 표현하곤 했다.

'집착하지는 않되 집중한다.'

우리 부부의 양육 모토였다. 나와 아내는 오랜 해외생활로 만들어진 딸과 아들의 독립적인 성향을 그대로 인정해주었다. 큰

딸 규리 결혼식

규리 부부와 손자

2017년 11월 10일 손자 5살,
손녀 3살 기념사진

틀에서만 자녀의 성장 방향을 잡아줄 뿐, 개개인의 성향을 존중하고 그들의 선택을 지지하는 서구 가정과 비슷한 훈육 환경을 유지했기에 두 아이 모두 세계 어디에 가서든 적응력이 뛰어나다. 홀로 하는 것이 못 미더울지라도 그 아이들이 스스로 해내는 것을 더 기꺼워하며 지켜보려고만 노력했다.

그들에게 뭔가를 표현할 때 말로 권유하는 것보다 직접 행동으로 보여주는 편이다. 행동이 말보다 더 큰 영향력을 가지는 법이다. 중요한 일이 생기면 내가 멘토가 되고 아내가 해결사가 된다.

나는 일곱 형제자매와도 우애가 깊은 편이다. 아직 정정하신 95세의 어머니에게도 소홀하지 않으려고 노력하고 있다. 가정을 꾸린 규리가 낳은 여섯 살 난 준과 네 살배기 유는 눈에 넣어도 아프지 않을 소중한 손주들이다.

1997년 설날 76세의 어머니와 6형제

그러나 가족 중에서도 현재 삶에서 가장 의미 있게 느껴지는 존재는 바로 나의 아내다. 우리 부부는 대화를 많이 나눈다. 동반자인 아내와 많은 대화를 나누지 않는 사람이 바깥에 나가 얼마나 사람들과 진심을 제대로 나눌 수 있을까 생각한다.

부부 사이가 안 좋으면 자녀한테 영향을 많이 주게 된다. 가정불화를 겪는 가정에서 큰 아이들이 자존감이 낮고, 학업성취도에서도 낮다는 연구결과도 있다. 자녀에게 제일 좋은 선물은 그 아이들의 어머니인 자신의 아내를 사랑해주는 일이라고 한다.

우리 부부의 자식 사랑은 여느 우리나라 부모들과 별다르지 않다. 하지만 우리 부부가 다른 부부들과 다른 점이 하나 있다면 그것은 바로 우리 부부의 삶의 중심은 자녀가 아니라 우리 부부라는 사실이다. 우리 아이들은 부모님이 함께 영화를 관람

2002년, 딸 규리의 리버리빌 고교 졸업식 때 시카고 집 앞에서

하고 골프와 여행을 같이 하며 트레킹을 즐겁게 하는 것을 당연시 여기며 자랐다. 우리가 행복하면 아이들도 행복해한다.

많은 부부들이 자녀들을 향해 '너희 때문에 참고 산다.', '너희를 위해 희생한다.'라는 말을 한다. 이만큼 자녀들에게 스트레스를 주는 말들도 없다고 한다.

아내와 나는 살면서 닮는다고 하지만 원래부터 성격이나 세상을 바라보는 시각이 많이 닮은 편이었다.

아내는 보편적인 우리나라 여성들과는 좀 다르다. 비슷한 연배의 여성들이 남편이나 자녀들에게 의존하는 경향을 갖고 있는 것과 달리 서구 여성들처럼 자기 주관이 매우 강하다.

외국에 가도 적응력 좋다. 일본에서 7년 있는 동안 학부형들하고도 잘 어울리면서 친화력이 좋아 동네 아주머니들하고도 친목 모임이 잦았다. 지금도 도쿄에 있는 딸네 집에 가면 25년 전 만났던 동네 주민들과 친구들을 만나면서 즐거워하고, 30여 년 전 부산공장의 근처 통도사 입구에서 같이 생활하던 친구들과 여전히 왕래하는 여성이 내 아내다.

재테크에 관심이 아예 없는 것은 아니지만 이재를 추구하는 편법을 쓰는 것은 싫어한다. 우리 부부는 아파트를 사서 시세차익을 노리고 매매를 하는 식으로 부를 축적한 적이 단 한 번도 없었다. 아무리 이익이 난다고 해도 지금 우리가 편하게 살고 있는 주거지를 옮긴다는 자체가 성미에 맞지 않는 것이다.

아내나 나나 자기 나름의 멋을 추구하지 남들이나 유행을 결코 쫓지 않는다. 나는 와이셔츠가 마음에 들면 한꺼번에 4~5벌을 사는 사람이다. 그 와이셔츠가 단종이 될까 봐 미리 구매를 하고 오래오래 그 옷들을 입는다. 과시하는 성향이 없다는 점에서 우리 부부는 성격이 비슷하다. 수수하지만 멋스러운 것을 좋아한다.

나이 들수록 가족과의 우호적인 관계는 나머지 인생을 풍요롭게 만들기 위해 아주 중요하다.

가족은 이 세상이 나를 다 적대시해도 유일하게 나를 편드는 확실한 아군이다. 절대적으로 신뢰하고 적극적으로 지지하며 사랑을 주는 존재들이다. 나를 편안하게 해주는 안정제이자 나를 살찌우는 영양제다.

그렇다고 가족중심주의에 매몰돼 내 가족만 최우선이고, 무조건 가족 편에 서서 생활해야 한다고 우기는 그런 이기주의를 옹호하는 것은 아니다. 하지만 지치고 각박한 사회 속에서 유일한 보금자리, 안식처에서 나를 따뜻하게 맞이해주는 가족이 분명 '전쟁터에서의 아군'이라는 것을 부인하고 싶지 않다.

그런데 주변을 보면 오히려 남보다 못한 가족을 둔 사람들도 의외로 많다. 애증의 깊은 골을 건너지 못해 서로를 등한시 여기는 사람들이 생기는 이유는 무엇일까? 아마 가족이라는 이유만으로, '확실한 내 편'이라는 생각만으로 오히려 남에게 하는 것보다 더 함부로, 마구 대하기 때문이 아닐까?

2007년 85세 생신 때 6형제와 손자

2007년 7월 외동딸과 사위를 양옆에 둔 어머니

특히 우리나라 부모는 자신들의 생각을 자녀들에게 강요하는 경향이 짙다. 부모가 자신이 성장하고 활동했던 시대의 잣대를 근거로 자녀에게 좋은 대학, 직업을 강요하면서 충돌하기도 한다. 하지만 부모들은 사회 변화가 빨라 이전에 좋았고 선호했던 직업들이 곧 사라지기도 한다는 사실을 간과하지 말아야 한

2015년 12월 크리스마스
삼성역 인근 호텔 로비에서

2016년 4월 장수산 철쭉축제 트레킹

다. 과거 자신들의 청년기를 지금 내 자식들에게 적용해서는
안 된다.

　나는 우리 아이들이 제 몫의 인생을 제대로 살아가는 것을 보
면 뿌듯하다. 어릴 때 가난 속에서 꿈을 위해 노력했던 나와는
달리 좀 더 좋은 환경 속에서 살았다는 이유만으로 글로벌 인재
들로 자라난 것은 아니라고 생각한다.

　좋은 환경 속에서 똑같이 해외 유학을 한다고 모든 우리나라
젊은이들이 제대로 취업을 하고 좋은 인생을 사는 것은 아닐 것
이다. 나보다 더 좋은 물질과 부를 갖춘 아버지도 많다. 하지만
엇나간 자식들도 많다.

　나는 늘 최선을 다했다. 내 아이들에게 더 넓은 세상을 보여

2106년 8월 동경 에비스 호텔에서의 가족사진

주고자 행동과 대화로 소통하면서 노력했다. 아이들이 겪은 외
국생활이 마냥 행복하거나 만족스러운 것은 아니었을 것이다.
한참 예민했던 사춘기 시절 아버지와 떨어져서 다른 나라에서
외롭고 힘든 유학 생활을 보내야 했던 아이들이 그나마 엄마와
같이 함께 생활하여 반듯하게 자라왔기에 항상 고맙게 생각한
다. 아이들이 힘들어하면 격려와 위로를 했고 그 아이들을 위
해서 아내와 함께 하나님께 기도를 했다.

　나는 아이들에게 항상 인생의 경험을 정리해서 들려주곤 했
다. 아이들은 이런 아버지인 내게 늘 진로 방향을 상의했고, 내
가 인생의 멘토로서 조언을 건네는 대로 거의 따르는 편이었다.
　아이들은 비즈니스를 전공하고 삼성에서 오랫동안 주재 생활

도 했으며 전문경영인으로 60대 중반까지 외국계 회사 CEO로 일하는 아버지가 자신의 롤모델이라고 입버릇처럼 말한다. 솔직히 자녀들로부터 이런 찬사를 듣는 아버지가 이 세상에 얼마나 될까?

같이 살아준다고 배우자의 역할을 다하는 것이 아니고, 낳아서 학교만 보내주는 것으로 부모의 역할이 다 끝나는 것이 아니다. 아내와 딸, 아들이 있기에 나 역시 남편이자 아버지로서 계속 성장할 수 있다고 생각한다.

더 풍요로운 인생 3막을 준비한다면 가장 가까이 있는 동행자, 가족을 챙기는 것은 필수 준비사항이다.

가족 사진

결혼 35주년 기념을 하기 위해 미국 달라스에 살고 있는 고교 1학년 때 친구인 광익 부부와 카리브 해협 크루즈 여행을 7박 8일간 다녀왔다. 아내는 너무 즐거웠고 의미 있는 여행이었다며 인생의 동반자로서 차기에 알래스카 크루즈 여행을 약속하며 멋진 여행의 시작을 마무리했다.

크루즈 여행

2017년 1월 24일 카리브해협 크루즈여행을 함께한 광익 부부

아들딸들을 위한 아빠의 멘토링

Q: 새로운 일을 하면서 실패를 했습니다. 자책감과 후회로 제 주변의 사람들을 잘 돌보기가 힘들 정도입니다. 어떻게 극복해야 할까요?

A: 실패가 문제가 아니라 실패를 은폐하거나 바로잡으려는 노력을 하지 않는 것이 문제입니다. 가장 큰 문제는 좌절하는 것입니다.

어떤 일을 새로 시작할 때는 으레 실패가 따르는 법입니다. 처음 도전하는 일에서 늘 성공할 수는 없는 법이니. 따라서 실패하는 것 자체는 아무런 문제가 되지 않습니다.

나의 경험에 비춰보면 실패라고 판명된 시점에서 얼마나 용기 있게 다시 임했는가에 따라 잘 풀린 일과 그렇지 않은 일로 구분됐습니다. 귀찮아하며 어물거리고 있으면 일이 비정상적인 채로 진행되어 돌이킬 수 없게 됩니다.

인간은 인생을 되돌릴 수도, 자신이 원한다고 해서 같은 길을 계속 걸어갈 수도 없으니 일어난 일은 받아들이고 미래를 향해 묵묵히 걸어나가야 합니다. 과거에 연연해서 생겨나는 슬픔과 절망의 무익함 그리고 유해함은 하등 쓸모가 없습니다.

그래도
새로운 길은 열린다

"인생에는 시작만 있을 뿐 끝이란 없다.
하나를 이뤘다고 거기에 만족하면 거기서 발전이 멈춘다.
작은 것에 만족하지 말고
더 높은 목표를 향해 모든 것을 걸어라."
- 김성근 -

새롭게 꿈꾸자

세상에는 영원한 것은 없는 것 같다. 지금 한 조직의 리더나 임원으로 정점을 맞이한 삶을 살고 있는데 곧 그 자리를 내주어야 하는 상황을 앞두고 있다고 하더라도 그렇게 절망적으로 여길 필요가 없다. 언젠가 미래 세대들에게 자리를 내주고 길을 떠나야 하는 것이 인생이다.

그 자리에서 내려온다고 해서 인생이 끝났다고 생각하는 것만큼 어리석은 일은 없다. 회사에서 순간순간 최선을 다하며 올인했던 지난날의 자신을 바보처럼 여길 필요는 더더구나 없다. 오히려 칭찬을 들어야 할 일이고, 긍지를 키워 미래를 위한 원동력으로 사용해야 할 것이다. 스스로 한창 일할 수 있는 액티브 시니어로 여기는데 사회라는 링 밖으로 밀려나는 것이 어찌 캄캄하지 않을까. 스스로 자발적으로 나간 사람들도 불안감과 후회가 막급할진대 하물며 누군가가 던진 수건에 의해 강제적으로 퇴출이 되었을 때 느끼는 박탈감과 소외감은 상상할 수 없을 것이다.

충분히 노후에 먹을 양식과 자산을 갖추고 있는 것과 별개로 그런 심리적인 위축상태는 지속될 것이다. 지금까지 무엇을 추구하며 살아왔는지, 직장인으로서 성공이 무엇이고 실패가 무엇인지, 과연 인생의 진정한 의미가 무엇인지, 모든 것이 뒤죽박죽이 될 것이다. 자신이 추구했던 신념이나 정의를 내렸던 관념들이 당신의 이성을 배반하고 당신을 흔들지도 모른다.

그래도 새 길은 있다

하지만 당신의 과거 속 충실하게 보낸 하루하루 속에 쌓아온 신념과 관념은 결코 당신을 배신하지 않는다. 지금 고개를 숙인 채 당신이 보는 것을 두려워해서 보지 않을 뿐 새로운 길은 당신의 사방에 뻗쳐져 있다. 그렇다. 당신의 신념은 당신을 배신하지 않았다. 당신의 성실한 어제가 오늘의 새로운 기회로 따라올 것이다. 다만 아직도 끊임없이 무엇인가 할 수 있다는 자신감을 견고하게 장착할 필요가 있다.

인생의 2막은 미리 준비된 것이 아닌, 평소 자신이 주어진 일에 최선을 다했던 것들이 축적되고 결국 그것들이 모여 인생 2막의 길을 만들어 주는 것이다.

꿈꾸면 열린다

은퇴 이후 삶을 '축복'은커녕 '생활고'로 받아들이는 지친 마음으로는 아직도 머나먼 여정을 제대로 떠날 수 없다. 건강이 좋지 않고 돈이 없고 여건이 허락하지 않는다는 말들은 어쩌면 자신의 두려운 마음을 우회적으로 드러내는 변명일지도 모른다.

자신이 좋아하는 일을 사랑하는 사람들과 올바른 방식으로 걸어가는 것을 생각해야 한다. 어쩔 수 없이 '해야 하는 일'이 아니라 조금이라도 '하고 싶은 일'을 하는 길을 찾는 것이 언젠가 소풍을 끝내고 밟게 될 천국의 계단으로 가는 첫 번째 스텝이 될 것이다.

나는 오늘도 새로운 길을 찾아 걷는다. 여태껏 내 인생이 그러했듯이 미지의 세계를 개척하면서 지금이 내 인생에서 가장 멋지다는 착각을 하면서 말이다.

그때 그때마다 최선을 다하는 것이 중요하다. 최선을 다해 꿈꿔라! 그러면 후회와 반성은 그리 많지 않을 것이다. 진인사대천명의 깊은 뜻을 항상 머릿속에 넣고 살면서 '지금의 내가 좋다.'라는 긍정적인 사고와 유비무환 정신으로 항상 미리 계획하고 후보계획을 세워 실패율을 최소화시키려고 노력해 왔던 것, 적극성을 보여야 될 때는 특전사 장교 스타일로 밀어붙이며 "안 되면 되게 하라!"의 강한 정신을 잃지 않았던 것들이 과거의 성공사례를 만들었던 것처럼 앞으로도 그럴 것이라 믿는다.

〈부록〉

사랑을 기록하며, 행복을 기억하며

지금의 나를 있게 해 준 모든 분들에 대한 사랑과 행복을 기록하고 기억하면서 다시 한 번 충만함을 느낄 수 있었다.

그립고 그리운 아버지. 아버지의 이름으로 감내해야 했던 그 모든 시간과 서러움과 회한과 눈물을 이제는 그곳에서 다 잊어버리시기를 바란다. 나와 내 아들의 얼굴에 새겨진 아버지의 흔적들을 만날 때마다 아직도 난 작은 열 살짜리처럼 눈물겹다. 이 책에서 잠깐이나마 할애한 아버지에 대한 추억담은 내가 아버지께 사르는 향기롭고 따뜻한 양초 같은 기억이다.

이미 돌아가셨지만 지금의 나를 만들어 주신 호암 이병철 회장님도 평생 못 잊을 것 같다. 면접장에서 처음 뵈었을 때의 모습이 아직도 생생하다. 공수부대를 막 전역한 후, 여러 가지 부족했던 탓에 감히 삼성 입사라는 꿈만 꾸던 소심한 26살의 촌놈을 구제해주시고, 또 40여 년 가까이 인생을 훨훨 날아다니게 해주신 평생 은인이시다. 지금도 나는 이병철 회장님의 선택을 받았던 삼성 Man으로서의 긍지와 자랑스러움을 잃지 않고 살아가기 위해 여전히 노력하고 있다고 보고 드리고 싶다.

황북국민학교 6학년 2반 담임이셨던 이완중 선생님은 내 마음의 영원한 사표이시다. 50년 전 좁은 우물 안 가난한 개구리를 사람으로 만들기 위하여 아무런 대가 없이 공부를 시켜주셨던, 수학여행비가 없어 결국 여행을 포기해야 해서 코가 쑥 빠져있던 어린 제자에게 수학여행비를 대신 내 주셨던, 졸업식 때도 선생님이 추천해 주셔서 기관장 표창을 받게 해 주셨던, 밑도 끝도 없는 믿음으로 도청소재지인 대전에 유학갈 수 있게 부모님을 설득해주신 이완중 선생님이 아니었다면 내가 충청도 벽지에서 나래를 펼 수 있었을까? 이 책이 완성되면 가장 먼저 선생님을 찾아뵙고 감사함을 전해드리고 싶다.

20세 때 대학에서 무역학이라는 생소한 전공과목을 내 몸과 같이 40여 년을 써먹을 수 있게 자상하게 가르쳐주시고 인생의 롤모델이 되어 주셨던 김용복 교수님. 아직도 건강하신 80세의 멋쟁이 노신사 김 교수님께도 감사드린다.

1977년 3월 특전사 육군 중위가 되었을 때 3공수 12대대 대대장이셨던 김진호 중령님. 경복고를 졸업하고, 육사 18기셨던 김 중령님은 프랑스 파리 우리나라 대사관에서 근무하신 경험과 정보사령관까지 역임하셨던 능력 있는 인격자셨다. 중등교사 자격을 갖고 있는 ROTC 장교였던 나를 특전교육대 교관으로 만들어 주셨고, 꿈 속에서 생각해 왔던 고려대 경영대학원에 도전하는 기회를 만들어 주셨고 결국 삼성맨이 되는 데 초석을 닦게 해 주셨던 정말 고마우신 상관이셨다. 도쿄에 주재할 때 어렵게 전화를 한번 했었는데 너무 오래전이라 기억을 못 하시기에 고마움을 못 전했던 아쉬운 기억이 있었는데 이 책을 들고 한번 꼭 찾아뵐 작정이다.

삼성전관 30년 근무시절 내내 친절하고 정겨운 아버지처럼, 엄격한 선생님처럼, 다양한 인생경험을 하신 삼성의 대선배로서 모든 것을 가르쳐주신 나의 멘토, 높은 자존심과 자신감, 강인한 책임감을 갖고 계신 삼성그룹의 진정한 CEO 김정배 사장님. 서울사대부고와 서울공대를 졸업하시고 일본 산업 역사에 유명하신 일본전기 세키모토 사장과는 친구처럼 허물없이 지냈던 유일한 분으로 이병철 회장님과 함께 삼성전관을 세계적 회사로 성장시키고 발전시키는 데 큰 공로를 인정받은 멋진 분이시다.

니토덴코의 9년 차 대표이사이신 나기라 회장님 또한 내 2막 인생에서 빼놓을 수 없는, 참 본받을 점이 많은 분이다. 1948년 1월생으로 한 회사에 45년을 몸 바친 거의 신적인 존재인 나기라 회장님은 내게 살아가면서 필요한 가장 중요한 것이 신뢰와 존경이라는 것을 지혜롭게 일러주신 분이다. 한국인을 일본 회사의 본사 임원으로 선임하는 것이 쉽지 않은 일이었는데도 나에 대한 여과 없는 믿음 덕분에 어깨가 무거운 자리에 올랐다. 이번 출간을 기회로 나기라 회장님의 기대에 더 보답하는 한국 Nitto 대표이사, 한국 총괄 임원이 되도록 노력할 것이다.

내 2막 인생을 열어주신 삼성의, ROTC의, 인생의 그리고 한국니토덴코의 영원한 선배님이신 김홍인 부회장님께도 무한한 감사를 드린다.

가장 강력한 비타민이자 영원한 동반자들인 내 사랑하는 아내 영옥 씨, 딸 규리, 아들 석준, 사위 쿠리다 징야, 외손자 준, 외손녀 유 그리고 홋카이도에 사시는 사돈 부부에게도 고마움을 드린다.

그밖에도 고마운 분들은 다 나열할 수 없다. 기록의 아쉬움을 덮을 수 있는 다른 무언가가 있다면 무엇이든 다 할 것이다. 이 글을 읽는 많은 사람들이 살아오면서, 그리고 앞으로 살아가면서 감사해야 할 마음의 은인들을 따뜻하게, 기분 좋게 떠올려보시기를 바란다. 고마운 분들에게 마음을 전하기 위해 편지를 쓰고, 전화를 드리고, 한번 찾아가보기를……. 혹은 나의 책처럼 마음의 은인들을 담는 것도 괜찮을 것이다.

황북국교17회 동창들

서울공고 63회 기계과 동창들(특히 이광익, 이은지 고맙다!)

건대 무역학과 72학번 동기들

대한민국 ROTC 14기와 삼성 입사 동기들

삼성 동경 주재 ROTC(삼동회) 회원님들

SDI 구매 OB(SPM, ESP) 회원님들

SDI Japan Club(SJC) 회원님들

VFD(VFC회원님들) 사업부 출신들

CRT를 사랑하는 모임(씨사모) 회원님들

삼화(삼성, 한화) 형제들

송녹정 대표

오종남 박사, 달달새(鵬) 회원님들

특전 14동기회 및 77특전동지회 김명원 회장과 회원님들

고대MBA 원우님들

GLP 8기 원우님들과 LGLP 회원님들

창조아카데미(CDNA16기) 원우님들

113 ROTC 선후배님들

한국 Nitto 임원, 간부님들

2060 트레킹 클럽 회원님들

삼성전관 임원출신 모임(성관회) 회원님들

그리고 아직도 우리 7남매 가족들의 중심에서

건강하게 지내시는 95세 어머니와 전체 가족들

여러분들은 제 인생의 많은 빈틈을 풍성하게 메워주셨고, 살아가는 데 있어 깊은 의미들을 던져주셨으며, 새로운 길을 활짝 열어주셨던 고마운 분들이십니다. 앞으로도 계속 행복한 여정을 함께 떠날 멋진 동행자가 되어주시기를 부탁드립니다. 지면을 빌어 이번 기회에 다시 한번 감사의 말씀 드립니다.

죽음도 삶처럼
맞이하였다

- 2018. 3.

이렇게 기억합니다

어느 현인賢人이, 결실의 계절을 찬란히 맞이할 수 있는 것은 영육靈肉이 살아 있는 사람에게 내려지는 축복이라고 하였습니다. 이는 항상 자신의 본분에 책임과 열성을 다하는 열혈생활인을 일컫는 뜻일 것입니다. 윤승중 사장을 생각할 때마다 이것이 떠오르는 이유는 그의 삶이야말로 열혈생활인의 스토리로 점철되어 있기 때문입니다.

동서고금東西古今에서도 보듯이, 출중한 거목은 호시탐탐 벌채군의 표적과 풍마우세風磨雨洗의 속에서도 상송상청霜松常青의 기개와 추호불범秋毫不犯의 기품을 지키며 역경과 고난을 영광으로 반전시켜 왔습니다. '역경을 피해 도망친 곳에 낙원은 없다'는 확고한 좌우명을 생활신조로 삼고 치열하게 살아온 윤 사장의 삶 역시 반전 드라마의 연속이었습니다. 그의 삶처럼 살 신성인의 극기와 희생으로 공동체의 미래를 설계하고 꾸려나가 는 충정 어린 분들이 있기에, 현세의 시련은 보다 강건한 미래 를 위한 수련기이며, 내일의 부강한 사회 건설을 위한 시금석 이 될 것입니다.

현재는 모든 과거의 필연적 산물이고 모든 미래의 필연적 원 인이 됩니다. 우리가 과거에 무엇을 했고 현재 무엇을 하느냐 가 미래를 가를 것입니다. 윤 사장은 실현하는 미래를 위해 항 상 자신을 둘러보며 회개와 성찰, 혁신과 도전의 정신으로 자 신은 물론 자신이 속한 공동체까지도 바꾸어왔던 사람입니다. 이러한 그의 인생 역정은 불꽃 같은 삶을 통해 한 시대를 열었 던 메이지 유신의 사카모토 료마坂本龍馬(1835~1867)를 떠오르 게 합니다. 사카모토 료마는 짧게 살다 갔지만 쇄국과 개화의 갈림길에서 과감한 결단으로 일본근대화의 길을 연 국민적 영 웅으로 추앙받습니다. 변화와 도전과 삼성의 사업보국 정신으 로 살아온 윤 사장의 인생 역정 또한 오늘과 내일의 삼성 성장 의 원천이 될 것이라 믿습니다.(고 ○○)

출간후기

'후회 없는 삶'의 표상이 되신
윤승중 대표님을 추모하며
고인의 삶이 후세의 이정표가 되기를 기원합니다

— 권선복
도서출판 행복에너지 대표이사

  역사적으로 전례 없이 빠르고 복잡하며, 다양한 갈등이 교차
되는 현대 사회에서 많은 사람들은 행복해지는 법, 꿈꾸는 법
을 잊어버린 것처럼 보이기도 합니다. 그러한 의미에서 이 책
『간절한 꿈이 길을 열다』의 저자 윤승중 대표의 삶은 행복을 만
들어 가기 위해 우리가 어떤 자세를 취해야 하는지를 보여주는
'삶의 이정표'라고 생각합니다.

  윤승중 대표의 삶은 역경과 고난의 연속이었습니다. 태어나
자마자 세상 빛조차도 못 볼 뻔했던 순간, 가난과 방황 속에서
기성세대의 권위를 거부했던 젊은 시절, 험난한 IMF 시기 혈

육과의 경제적 문제, 부당한 상사의 명령과 갈등, 오랜 시간 동안 보금자리였던 삼성그룹 퇴직 후 수많은 역경과 그에 맞서는 도전이 이 책을 읽는 독자들의 가슴에 강한 울림으로 다가옵니다.

그럼에도 불구하고 삼성전관의 구매부 말단 신입사원으로 입사해 임원까지 승진하고, 퇴직 이후에도 결코 멈추지 않고 끊임없이 움직여 글로벌 기업 한국니토덴코의 첫 한국인 사장으로서 활발하게 활동하였던 윤승중 대표의 삶은 맨주먹의 신화였습니다. 저는 고인과 ROTC 동기인 피플스그룹의 가재산 회장을 통해 인연을 맺었으며, 2014년부터 깊은 유대를 갖고 그분의 행적을 지켜보았습니다. 그리고 제가 본 고인의 삶의 자세는 참으로 숭고하고 거룩했습니다.

윤승중 대표는 이 책을 통해 자신이 수많은 역경을 이겨내고 성공적 삶을 살 수 있었던 비결은 항상 눈앞의 현실이나 역경보다 더 큰 꿈을 꾸었기 때문이라고 이야기합니다. 그리고 책의 각 장 마지막에 위치한 '아들딸들을 위한 아빠의 멘토링'을 통해 방황하는 젊은이들은 물론 제2의 인생을 준비하는 중장년층에게도 도움이 될 귀중한 조언을 건넵니다.

이 책은 윤승중 대표의 자서전이자 꿈을 잃어버린 사람들에게 전하는 희망의 메시지입니다. 윤승중 대표는 생전에 깊은 애정을 담아 원고를 준비했으며, 유가족 분들의 의사에 따라 윤승중 대표의 기일인 5월 5일에 맞추어 유고집으로 출간하게 되었습니다. 몸이 죽어도 결코 꿈은 죽지 않을 고인의 도전적 삶과 넋을 기리며, 윤승중 대표님의 정신을 부활시킨 이 책을 통해 후세의 길을 밝히는 횃불을 건네주신 데에 깊은 감사와 추모를 드립니다.

고인은 ROTC 14기로 임관·복무했으며, 평소 각별한 나라 사랑으로 이 책을 출간과 더불어 특전사에 기부하고자 하셨습니다. 그 유지遺志를 이어 받아 행복에너지에서 고인을 대신하여 책을 기부하고 특전사의 감사장을 받아 5월 5일 고인의 1주기週忌를 맞이하여 영전에 바치고자 합니다.

이 땅의 또 다른 꿈들이 고故 윤승중 대표님의 정신을 통해 새로운 희망을 얻을 수 있도록 간절히 기원합니다.

감 사 장

도서출판 행복에너지
대표 권 선 복

귀하께서는 평소 군에 대한 각별한 애정으로 봉사와 사랑을 실천해 오셨으며, 특히 병영도서 지원을 통한 장병 지식 함양과 올바른 가치관 확립에 기여하신 바가 크므로 특전사 전 장병의 감사한 마음을 담아 이 감사장을 드립니다.

2019년 2월 20일

특수전사령관
중장 김 정

일본! 작게 보고 크게 보고

박경하 지음 | 값 15,000원

이 책 『일본 작게 보고 크게 보고』는 20여 년이 넘는 기간을 일본에서 활동해 온 저자의 솔직담백한 일본 분석이라고 할 수 있다. 저자가 한국의 과자회사 (주)오리온의 일본법인 지사장으로 활동하며 몸으로 접한 일본의 역사, 문화, 사회, 그리고 일본시장에서의 경영전략이 구어풍의 유머러스한 필치로 생생하게 담겨 있으며 일본 시장과 경제적 전략에 관한 날카로운 분석과 생생한 지혜가 담긴 조언들 역시 이 책의 특징이다.

밥 얻어먹고 살기가 어디 쉽다냐?

성장현 지음 | 값 15,000원

이 책에는 민선 지자체장으로서 성장현 구청장이 성공할 수 있었던 노력과 열정, 그리고 올바른 가치관 확립을 통한 '기본 바로세우기'에 대한 이야기가 담겨 있다. 전라도 순천에서 홀홀단신 상경해 밥벌이를 해야 했던 저자의 고난과, 용산구의 발전이 용산구민의 '밥'으로, '복지'로 돌아갈 수 있도록 상생하는 행정을 위한 그의 여정을 이 한 권의 책으로 고스란히 느낄 수 있을 것이다.

우리 아이 나쁜 버릇 고치기
5·3·3의 기적

장성욱 편저 | 값 15,000원

이 책은 잔소리하지 않고 야단치지 않고 화내지 않고 때리지 않으면서도 아이의 나쁜 버릇이나 행동을 바로잡는 구체적인 방법을 안내하고 있다. 훈육에 대한 막연한 개념서가 아닌, 실생활에서 바로 적용할 수 있는 쉬우면서도 구체적인 방법을 제시하는 '실용서'이다. 특히 훈육 적용 시의 디테일한 의문점에 대해서도 놓치지 않고 챙겨 주어 전혀 어렵지 않게 읽을 수 있다는 장점을 가지고 있다.

조직에서 능력을 인정받는
공무원의 비밀

이수희 지음 | 값 15,000원

저자는 본인의 생생한 경험과 공직생활에서 얻은 체험을 바탕으로 공무원이 되고 싶은 사람이나 현직 공무원 새내기에게 도움이 되는 구체적인 '꿀팁'들을 전해 준다. 직접 작가가 실무에 뛰어든 내용을 예로 하여 실용적인 내용을 통해 공무원으로서 지녀야 할 규율과 행동요령을 정리해 주는 이 책을 통해 독자들은 공무원으로서 근무한다는 게 어떤 것인지 보다 확실하게 알 수 있을 것이다.

대학새내기에게 '꿈이 무엇이냐'고 묻다

채병조 지음 | 값 12,000원

이 책은 저자가 직접 대학생들과 상담한 내용을 바탕으로 경험에 의거하여 대학생활을 어떻게 보낼 것인지에 대한 충고를 건넨다. 책은 거창한 이야기를 하지는 않는다. 대학에 입학하여 어떤 꿈을 가질지, 꿈 설계 시 고려사항은 무엇인지, 마음가짐은 어떻게 가져야 하는지 등 작지만 확실하게 목표 성취를 보장하는 한 걸음 한 걸음부터 시작한다. '대학생활 입론서'라 할 만하다.

내 인생의 오답노트

노회현 지음 | 값 15,000원

이 책 『내 인생의 오답노트』는 평생 이상을 향해 도약하며 상처 입고 짓밟혔던 저자의 인생을 담은 회고록이자 동시에 저자의 마지막 사회사업이기도 하다. 꿈과 도약, 좌절의 반복이었던 저자의 인생을 그림과 시로 풀어낸 이 에세이는 인간과 사회에 대한 깊이 있는 성찰을 담고 있기도 하다. 특히 '상식이 통하는 사회'를 바랐던 저자의 열망과 이상을 실현하기 위해 떠나 온 가족에 대한 애틋한 사랑으로 독자의 마음을 두드릴 것이다.

연꽃처럼 살다가 수련처럼 가련다

호정 지음 | 값 15,000원

이 책은 생이유상(生已有想)의 삶을 꿈꾸는 저자 호정 스님이 말하는 세상의 이치와 깨달음에 대한 이야기이다. 인과응보와 업장의 원리로 돌아가는 세상 속 뭇 중생의 이야기로 책을 읽다 보면 사람과 사람 사이에서 부처의 가르침을 발견하기도 하고, 사람과 자연 간의 공존을 말하기도 한다. 삶의 풍경 곳곳에서 마주치는 부처의 이야기를 접하다 보면 어느새 암자에 들어온 듯 마음이 편안해지는 것을 느낄 수 있을 것이다.

누구나 알 수 있는 전술 이야기

채일주 지음 | 값 25,000원

김예진 작가가 전하는 이야기들은 마음 한구석을 시큰하게 한다. 그동안 잊고 살았던 소중한 존재들을 떠올리게 하는 이야기들을 한데 엮었다. 그 이야기에 귀 기울이고 있노라면 주변사람들을 다시금 돌아보게 될 것이다. 이 책에 실린 글들이 부모님, 친구, 형제, 가까이에 있다는 이유만으로 잊고 지낸 사람들과의 관계의 회복을 가져다주는 온기가 되길 기원해 본다.

하루 5분 나를 바꾸는 긍정훈련
행복에너지

'긍정훈련'당신의 삶을 행복으로 인도할 최고의, 최후의'멘토'

'행복에너지
권선복 대표이사'가 전하는
행복과 긍정의 에너지,
그 삶의 이야기!

인터파크
자기계발 분야 주간
베스트 1위

권선복 지음 | 15,000원

권선복

도서출판 행복에너지 대표
지에스데이타(주) 대표이사
대통령직속 지역발전위원회
문화복지 전문위원
새마을문고 서울시 강서구 회장
전) 팔팔컴퓨터 전산학원장
전) 강서구의회(도시건설위원장)
아주대학교 공공정책대학원 졸업
충남 논산 출생

책『하루 5분, 나를 바꾸는 긍정훈련 - 행복에너지』는 '긍정훈련' 과정을 통해 삶을 업그레이드하고 행복을 찾아 나설 것을 독자에게 독려한다.

긍정훈련 과정은 [예행연습] [워밍업] [실전] [강화] [숨고르기] [마무리] 등 총 6단계로 나뉘어 각 단계별 사례를 바탕으로 독자 스스로가 느끼고 배운 것을 직접 실천할 수 있게 하는 데 그 목적을 두고 있다.

그동안 우리가 숱하게 '긍정하는 방법'에 대해 배워왔으면서도 정작 삶에 적용시키지 못했던 것은, 머리로만 이해하고 실천으로는 옮기지 않았기 때문이다. 이제 삶을 행복하고 아름답게 가꿀 긍정과의 여정, 그 시작을 책과 함께해 보자.

『하루 5분, 나를 바꾸는 긍정훈련 - 행복에너지』